Q

5269

PLAN

D'UNE

BIBLIOTHÈQUE ORLÉANAISE

TIRÉ A CENT EXEMPLAIRES.

PLAN

D'UNE

BIBLIOTHÈQUE

ORLÉANAISE

OU

ESSAI DE BIBLIOGRAPHIE LOCALE

PAR H. HERLUISON

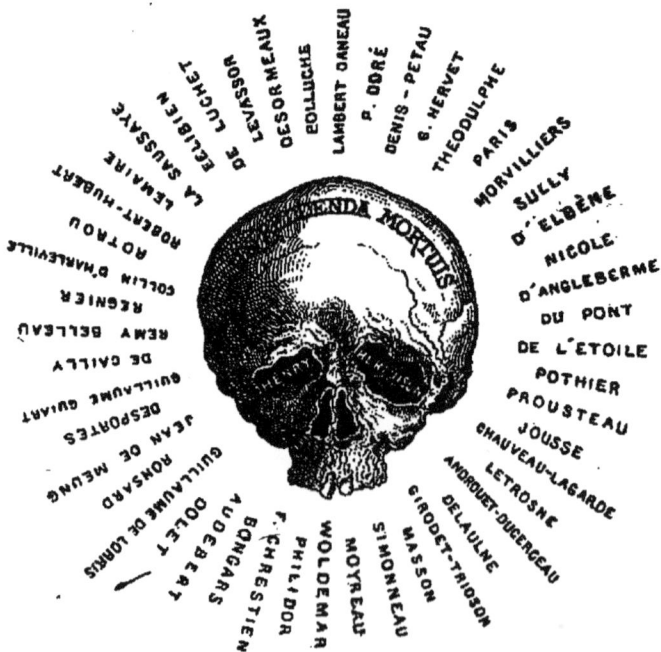

ORLÉANS

H. HERLUISON, LIBRAIRE-ÉDITEUR

17, RUE JEANNE D'ARC

—

1868

AVERTISSEMENT

L'exposition faite par la Société des Amis des arts d'Orléans, en mai 1868, a motivé le présent Catalogue.

Nous n'avons pas voulu laisser passer cette exposition sans que la bibliographie orléanaise y fût représentée.

C'est dans la partie rétrospective que nous avons réuni et exposé la collection de livres dont nous offrons la notice sous le titre de : « Plan d'une bibliothèque orléanaise, ou Essai de bibliographie locale. »

Notre Catalogue se compose de deux parties divisées elles-mêmes, la première en 12 paragraphes, la seconde en 16. En voici le classement méthodique.

PREMIÈRE PARTIE.

SECONDE PARTIE.

AUTEURS ORLÉANAIS.

Ce plan, restreint par le nombre des pièces qui composent notre Catalogue, pourrait être modifié avec avantage en raison de l'abondance et de la variété des ouvrages accumulés.

Nous avons seulement voulu indiquer un classement qui, appliqué à une bibliothèque orléanaise plus complète et plus variée, gagnerait singulièrement à être mis en pratique.

Devons-nous parler du choix des éditions? On se rendra compte que ce que nous n'avons pu faire en un laps de temps beaucoup trop court, tout bibliophile le pourra faire à l'aide de recherches patientes et minutieuses et des connaissances spéciales dont il sera doué.

Notre notice devant servir au bibliophile visiteur, qu'il nous soit permis d'appeler son attention sur les numéros suivants :

N° 2. Histoire de l'Orléanais, par le marquis de Luchet ; livre rare, recouvert d'une fraîche reliure en veau fauve, avec fleurs de lis aux quatre coins des plats. — N° 57. Gallia christiana, t. VIII ; superbe volume, ayant appartenu au prince Eugène de Savoie. — N° 60. Annales Ecclesiæ aurelianensis ; bel exemplaire en maroquin bleu, avec ornements Renaissance sur les plats. — N° 77. Discours historique et généalogique, etc. ; unique exemplaire d'un ouvrage de l'abbé d'Estrées, sur la maison de Jarente et sur la propriété du Comtat Venaissin par le pape. — N° 80. Coutume d'Orléans ; édition gothique, imprimée en 1512. — Une série de statuts ou règlements des corporations d'arts et métiers d'Orléans (n°ˢ 98 à 114). — N° 150. Histoire du Gastinois, par dom Morin ; superbe exemplaire en grand papier. — N° 227. La Pucelle d'Orléans, avec les figures de Duplessis-Bertaux, édition tirée seulement à 26 exemplaires. — N° 237. Le Catalogue de la bibliothèque de notre compatriote le célèbre bibliophile Leber ; exemplaire en grand papier de Hollande, avec la planche du fou, en couleur. Plusieurs intéressants catalogues de collections particulières d'Orléans.

Dans la deuxième partie, consacrée aux auteurs, on remarque : N° 267. L'Image de Vertu, de Pierre Doré ; dans une reliure des plus curieuses et qui porte sur les plats la marque très-rare de C. L'Angelier tirée en or. — N° 307. Thomin, Traité d'optique méchanique ; exemplaire du chancelier d'Aguesseau, protecteur de Thomin. — N° 308. La Vision parfaite du P. Chérubin ; exemplaire relié par Dusseuil et qui porte l'envoi autographe de l'auteur à M. de Saint-André, major de la ville d'Orléans, et plus bas : « A M. le marquis de Menars (intendant d'Orléans), pour faire partie de

sa bibliothèque. » La partie qui intéresse les beaux-arts est représentée par un charmant recueil de Delaulne (n° 345). Le Jardin du
roy Louis XIII, par Pierre Vallet (n° 346). La Vie de N. S. J.-C.,
gravée par Huquier (n° 352); quelques opuscules rares et une série de catalogues ou livrets de collections, non moins difficiles à
réunir.

L'Orléanais, riche en poètes, montre ici le Guillaume Guiart,
branche des royaux lignages (n° 408). Le Roman de la Rose, des
célèbres Jean de Meung et Guillaume de Lorris, édit. de Méon
(n° 409). Le Philippe Des Portes, imprimé par Mamert Patisson,
notre compatriote (n° 412). Le Regnier, édition due à M. Louis
Lacour et si élégamment imprimée par M. D. Jouaust, pour l'Académie des bibliophiles (n° 414). L'Hercule Guépin, unique exemplaire, imprimée sur peau de vélin, chez l'imprimeur L. Perrin
(n° 416). Les Anagrammes des dames et damoiselles d'Orléans,
(n° 418), imprimé sur peau de vélin par le Perrin d'Orléans, M. G.
Jacob, aujourd'hui l'objet d'une distinction bien méritée à la distribution des récompenses de notre Société des Amis des Arts. Nous
nous arrêterons ici afin de laisser au curieux la satisfaction de ren-
contrer lui-même, en nous lisant, les autres volumes qui se recom-
mandent soit par leur valeur historique, leur rareté, ou par les re-
liures dont ils sont recouverts.

PLAN

D'UNE

BIBLIOTHÈQUE ORLÉANAISE

PREMIÈRE PARTIE

HISTOIRE GÉNÉRALE DE LA PROVINCE.

1. La Généralité d'Orléans, mémoire dressé pour S. A. R. Monseigneur le duc de Bourgogne par le comte de Boulainvilliers. *Orléans, H. Herluison*, 1867. In-4.

2. Histoire de l'Orléanais, par le marquis de Luchet, première partie (seule parue). *Amsterdam (Paris)*, 1766. In-4, veau fauve, fil., tr. dor. (*Belle rel. neuve.*)

> Exemplaire auquel on a ajouté deux plans d'Orléans et plusieurs portraits, dont deux imprimés en couleur.

3. Lettre d'un Orléanois (Daniel-Charles Jousse fils, conseiller à Orléans) à un de ses amis sur la nouvelle histoire de l'Orléanois, par M. le marquis de Luchet. *A Bruxelles, chez Emmanuel Flon, et se vend à Paris, chez Debure*, 1766. In-12 de 40 p., dem.-maroq. bleu.

4. Province de l'Orléanais, extraite de l'*Histoire des villes de France* par Aristide Guilbert. *Paris, Furne*, 1845. Gr. in-8 broch.

5. L'Orléanais, histoire des ducs et duché d'Orléans, comprenant la description de la Beauce, du pays Chartrain du Blésois, du Vendômois, du Gâtinais, du Perche et de ce qui constituait l'ancienne généralité d'Orléans; par M. V. Philipon de la Madelaine. illustré par MM. Baron, Français, C. Nanteuil et Rouargue. *Paris, Mallet*, 1845. Gr. in-8, fig., dem.-rel. veau.

I

6. Recueil des ordonnances generales faictes par les roys de France sur le faict des eaues et forestz : avec aucuns arrestz, jugements et reglements conformes à icelles observez en la pluspart des forestz de ce royaume, mesme au duché d'Orléans. Ledict recueil faict et reduict d'ordre en dix tiltres, par M. Guillaume Martin, conseiller du Roy et de la Royne, sa mère, duchesse d'Orléans, lieutenant-général es eaues et forestz dudict duché. *Orléans, par Éloy Gibier*, 1582. Pet. in-8 veau noir, fil., avec cette légende sur les plats : « Le Roy » entre deux palmettes.

On trouve à la fin du vol. : Extraict des regles et démonstrations de géométrie les plus faciles et nécessaires pour bien faire les mesurages et figures des forestz ou de partie d'icelles, mesme les recolements des ventes. Cet appendice contient des figures en bois et forme 73 pages non chiffrées.

7. Projet de statistique du département du Loiret, proposé par M. H. Siméon, préfet du Loiret. *Orléans, imp. de Danicourt-Huet*, 1836. Broch. in-8.

8. Géographie départementale classique et administrative de la France, comprenant la topographie, l'administration, la statistique, etc.; suivie d'un dictionnaire descriptif de toutes les communes et localités remarquables du département, publiée sous la direction de MM. Badin et Quantin. Loiret. *Paris, Dubochet*, janv. 1848. In-12 carte, dem.-rel. chag. vert.

9. Table alphabétique, historique et descriptive des communes, hameaux, etc., du département du Loiret (par Vergnaud-Romagnési). *Orléans, Pagnerre*, 1850, in-12.

10. Dictionnaire des lieux habités ou remarquables du département du Loiret (par C. de Vassal, archiviste honoraire du département du Loiret). *Orléans, H. Herluison, imp. Chenu*, 1864. 8 p. gr. in-8.

Ces 8 pages présentent le plan d'un dictionnaire du Loiret, lacune qui existe dans notre département. On n'a pas donné de suite à ce projet.

11. Mémoires sur les antiquités du département du Loiret, par Jollois. *Paris*, 1835. In-fol., planches, dem.-rel.

12. Archéologie du département du Loiret et de quelques localités voisines avec des lithographies et des plans par

Vergnaud-Romagnési. *Orléans*, 1836-1868. 4 vol. dont les 3 derniers brochés et le premier en rel. pleine veau ant., fil.

13. Conseil général du Loiret, session de 1848. Procès-verbal et rapport du préfet. *Orléans, imp. de Pagnerre*, 1848. 2 vol. in-8 broch.

14. Conseil général du Loiret, discours prononcé par M. le préfet (M. Dureau) à l'ouverture de la session de 1864. *Orléans, imp. E. Puget*, 1864. In-8 broch.

HISTOIRE GÉNÉRALE D'ORLÉANS

15. Dissertation où l'on démontre qu'Orléans est l'ancienne ville de Genabum dont il est parlé dans César, (par D. Polluche). *Orléans, François Rouzeau*, 1736. Pet. in-8.

16. Genabum. Broch. in-4 et in-8, dans un carton.

> Mémoire sur Orléans, Gien, Marigny et Genabum, par le chevalier Sourdeau de Beauregard. *Orléans*. Genabum avant et après J. César, par le même, 1864. — Lettres sur Genabum (3), par Vergnaud-Romagnési. *Orléans, H. Herluison*, 1865-66, 3 broc. — Question de Genabum. Existe-t-il des vestiges apparents d'un pont dans le lit de la Loire, en face de Gien-le-Vieux? (par M. Collin, ingénieur). *Orléans, G. Jacob*, 1865.

17. L'histoire et discours au vray du siege qui fut mis devant la ville d'Orleans, par les Anglois, le mardy XXIIe jour d'octobre M.CCCC.XXVIII, regnant alors Charles VII, roy de France. Contenant toutes les saillies, assauts, escarmouches et autres particularitez notables qui de jour en jour y furent faictes : avec la venue de Jeanne la Pucelle et comment par grace divine et force d'armes elle feist lever le siege de devant aux anglois. Prise de mot à mot sans aucun changement de langage, d'un vieil exemplaire escrit à la main en parchemin, et trouvé en la maison de ladite ville d'Orleans, illustré de belles annotations en marge. En ceste edi-

tion, y a esté adjoutée la harangue du roy Charles VII a ses gens et celle de la Pucelle au roy avec la continuation de son histoire jusques à sa mort, ensemble le jugement contre elle donné par les Anglais à Rouen, rescindé par le privé conseil du Roy avec les antiquitez de ladite ville d'Orleans, par Léon Trippault. *A Orleans, chez Olyvier Boynard et Jean Nyon, libraires, demeurant au cloistre sainte Croix,* 1606. Pet. in-8, v. f., dent., tr. d.

18. Histoire du siége d'Orléans et des honneurs rendus à la Pucelle, par Jules Quicherat. *Paris, L. Hachette,* 1854. In-12, dem.-rel., n. rog.

19. Histoire du siége d'Orléans, par P. Mantellier, président à la Cour impériale d'Orléans. *Orléans, H. Herluison,* 1867. Pet. in-8, dem.-veau fauve, planches.

20. Siége d'Orléans en 1429, mémoire sur les dépenses faites par les Orléanais en prévision du siége et pendant sa durée, en fortifications, armes, troupes, gratifications, dons à Jeanne d'Arc et autrés, extrait des comptes de la ville d'Orléans et de divers auteurs et manuscrits par Vergnaud-Romagnési. *Paris, Aubry,* 1861. Broch. gr. in-8.

21. Orléans et ses historiens, par J. A. Fleury, professeur d'histoire au collége royal d'Orléans. *Orléans, imp. J. Pellisson-Niel,* 1837. Broch. in-8, n. rog.

22. Du nom de Guépin donné aux Orléanais, par F. Dupuis. *Orléans, H. Herluison,* 1863. Broch. in-8.

23. Dissertation sur les armoiries de la ville d'Orléans, par M. de la place de Montevray. *Orléans, imp. de Mme veuve Huet Perdoux,* 1818. Broch. in-8.

24. Histoire et antiquitez de la ville et duché d'Orléans, avec les vies des roys, ducs, comtes, vicomtes, gouverneurs, baillifs, lieutenants généraux, prévosts, maires, eschevins, et autres officiers; fondation de l'université et de plusieurs choses mémorables, ensemble le tome ecclésiastique contenant l'origine et nombre d'églises, monastères; histoires et vies des évesques d'Orléans, par M. François Le Maire, conseiller au présidial d'Orléans. *A Orléans, par Maria Paris, imprimeur et libraire près Saint-Liphard,* 1645. 4 part. en un vol. in-4, v. n., tr. d.

25. Histoire et antiquitez de la ville et duché d'Orléans,

augmentée des antiquitez des villes dépendantes du chastelet et bailliage d'Orléans, plus les généalogies des nobles illustres et doctes orléanais qui ont écrit en toutes sortes de sciences et de plusieurs choses mémorables,..... par François Le Maire. *A Orléans, par Maria, Paris*, 1648. 2 part. en 1 vol., in-fol., veau marbré.

> Exemplaire avec les 104 pp. et auquel on a ajouté un vieux plan d'Orléans dessiné à la plume.

26. Histoire de l'église et diocèse, ville et université d'Orleans, par Symphorien Guyon, Orleanois, prestre docteur ès-droits, curé de la paroisse Saint-Victor d'Orléans. *Orléans, chez Maria Paris*, 1647. In-fol., couvert en parchemin.

27. L'Origine de la ville d'Orléans, ses singularitez et mœurs de ses habitans, avec son triomphe par celuy de la magnifique entrée de messire Pierre du Cambout de Coislin, son evesque, conseiller et premier aumosnier de sa majesté, abbé de Saint-Victor, etc. Et les circonstances de ce qui s'y passera de plus remarquable le 19 octobre prochain, tant en la delivrance des criminels qu'autres particularitez tres-curieuses et agréables. (*Suivant la copie de* 1666) *Orléans, H. Herluison*, 1859. Pet. in-8, pap. vél., dem.-rel. mar. rouge, n. rog.

28. État présent de la ville d'Orléans et ses dépendances, (par D. Jousse). *Orléans, Charles Jacob. S. d.*, 1743. Pet. in-8.

29. Détail historique de la ville d'Orléans, qui contient une description abrégée de cette ville, l'état exact de ses différents chapitres, communautés, corps, juridictions, etc. (par Daniel Jousse). *Orléans, Charles Jacob*, 1752. In-8, dem.-rel. mar. vert.

30. Recherches historiques sur la ville d'Orléans, avec le plan assujetti à ses accroissements et embellissements ; dédié et présenté à Son Altesse Sérénissime Monseigneur le duc d'Orléans, premier prince du sang, par Moithey, ingénieur géographe du roi et professeur de mathématiques des pages de LL. AA. SS. Monseigneur le prince de Conty et de Monseigneur le comte de la Marche. *Paris*, 1775. In-4, plan gravé, broch., non rog.

31. Essais historiques sur Orléans, ou Description topographique et critique de cette capitale et de ses environs,

par Beauvais de Préau. *Orléans, Couret de Villeneuve*, 1778. Pet. in-8, portrait et plan, broch., n. rog.

31 *bis*. Période révolutionnaire. 20 pièces in-8 et in-4 ayant rapport à cette époque.

Assemblées des sections, états-généraux, clubs, etc.

32. Histoire de la ville d'Orléans, de ses édifices, monuments, établissements publics, etc., avec plans et lithographies. Deuxième édition de l'Indicateur orléanais, augmentée d'un précis sur l'histoire de l'Orléanais ; par C. F. Vergnaud-Romagnési. *Orléans, imp. de Rouzeau-Montaut aîné, lithographie de Senefelder et de Vergnaud-Romagnési*, 1830. 2 in-12, fig., dem.-chag. rouge, n. rog.

33. Recherches historiques sur la ville d'Orléans, depuis Aurélien, l'an 274, jusqu'en 1789, par D. Lottin père. *Orléans, imp. d'Alex. Jacob*, puis *J. B. Niel*, 1836-1845. 8 vol. in-8, dem.-rel. veau fauve.

ORLÉANS MUNICIPE.

34. Essai sur le régime municipal de la ville d'Orléans, par M. E. Bimbenet. *S. l. n. d.* 27 pag. in-8, n. rel.

C'est le commencement d'un travail terminé par l'auteur, mais qui est resté, pour la fin, à l'état manuscrit.

35. Etablissement de la jurisdiction de la police en l'hostel commun de la ville d'Orléans. *Orléans, François Rouzeau*, 1729. In-4 de 39 pages.

36. Reglement pour l'excercice de la justice de la police de la ville d'Orléans. *Orléans, par François Rouzeau et Gilles Hotot*. 1657. In-4 de 48 p.

37. Reglemens et statuts que Monseigneur, fils de France, frère unique du roi, duc d'Orléans, a accordé être dressés pour l'établissement, ordre, police et direction d'un hôpital général en la ville d'Orléans. *Orléans, Claude Anne Le Gall*, 1679. In-4 de 31 pages.

38. Arrests portant reglement pour les officiers de la prevôté d'Orléans. *Orléans, Jean Boyer*, 1684. 11 pag. in-4.

39. Arrets de la cour de parlement du 3 septembre 1735 portant homologation des statuts et reglemens pour la communauté des notaires au chatelet d'Orléans. *Orléans, chez François Rouzeau*, 1735. 18 pag. in-4.

40. Lettres patentes du roy portant réglement pour l'école royale de chirurgie d'Orléans, données à Versailles le 2 septembre 1763. *Orléans, Charles Jacob*, 1764. 19 pag. in-4.

41. Essay et tarif du pain bis, blanc et jaunet, dressé par nous François de Paule le Rebours, chevalier, de Chaussy et de la Fontaine, conseiller du roy, prévôt d'Orléans, en exécution des arrests des 20 août 1680 et 14 juin 1681. *Orléans, chez la veuve de François Boyer et la veuve de Pierre Rouzeau*, 1709. Pet. in-8, v. jasp.

42. Rapport et compte rendu des opérations de la caisse d'épargne d'Orléans pendant l'année 1863, présentés au nom du comité de direction par M. Machard-Grammont, secrétaire, et adoptés par les administrateurs le 15 avril 1864. *Orléans, imp. E. Puget*, 1864. Broch. in-8.

43. Recherches sur le collége royal d'Orléans, par C. de Vassal. *Orléans, H. Herluison*, 1861. In-8 tiré à 70 exempl., dem.-rel. maroq. bl.

> On a inséré dans le volume une vue du collége d'Orléans, gravé par Riffault, d'après J. Salmon.

44. Collége et lycée d'Orléans. 8 pièces in-4 le concernant.

> Lettres patentes du roi, confirmatives du collége de la ville d'Orléans, données à Fontainebleau le 8 novembre 1763. Chez *Charles Jacob*, 7 pp. in-4". — Pension du collége d'Orléans. *Orléans, imp. de L. P. Couret*, 1791, 4 pp. et 6 autres pièces concernant les conditions de la pension.

45. Ville d'Orléans, conseil municipal, session de novembre 1860. Réfection du pavage, construction d'égouts, établissement d'une distribution publique d'eau, ouverture de la rue de la Gare, emprunt de 2,000,000 de francs, budget de 1861. *Orléans, imp. Chenu*. Gr. in-8 avec tableaux et plans col., broch.

46. Budgets et comptes-rendus du conseil municipal d'Orléans, 1829 à 1862. 8 broch. in-4 dans un carton.

ORLÉANS ARCHITECTURAL.

47. Histoire architecturale de la ville d'Orléans, par M. de Buzonnière. *Orléans, imp. d'Alex. Jacob*, 1849. 2 vol. in-8.

48. Orléans. Album-guide. Trente dessins sur pierre à deux teintes, y compris un nouveau plan de la ville, par Charles Pensée, avec texte (par M. Lemolt-Phalary). *Orléans, J. Garnier*, 1843. Pet. in-fol. cart., n. rog.

49. Monographie de Sainte-Croix (par l'abbé Jacquet). *Orléans, imp. d'Alex. Jacob*, 1844. In-8, pl., broch.

5o. Notice historique sur l'ancien grand cimetière et sur les cimetières actuels de la ville d'Orléans, par M. C. F. V. (Vergnaud-Romagnési). *Orléans*, 1824. In-4, fig., dem.-chag. noir, non rog.

51. Réédification du monument de Jeanne d'Arc dans la ville d'Orléans, par le citoyen Gois fils, artiste statuaire. *Orléans, Jacob, an II*. Pet. in-8, v. rac., fig.

> C'est le compte rendu de l'inauguration de la statue de Jeanne d'Arc, augmenté d'un précis historique du siége et des exploits de la Pucelle.

52. Notice historique et critique sur les monuments érigés à Orléans en l'honneur de Jeanne d'Arc, par Ch. Aufrère Duvernay, avocat à la cour impériale d'Orléans. *Orléans, imp. de Pagnerre*, 1855. In-8, papier vél. et planche de Jeanne d'Arc.

> Avec un envoi autographe de l'auteur.

53. Observations sur l'ancien monument érigé à Orléans en l'honneur de la Pucelle, par Vallet de Viriville. — Additions audit mémoire, lues à la société des antiquaires de France en 1856, 57, 58 et 59. *Paris, typ. de Lahure*. 2 broch. in-8.

54. Essais historiques sur quelques rues de la ville d'Orléans. S. l. n. d. 24 pp. in-18, n. rel.

> Cette monographie comprend les rues des Juifs, Saint-Euverte, Saint-Sauveur, de l'Écrivinerie, Saint-Pierre-Empont, de la Poterne, des Petits-Souliers, Sainte-Catherine, de l'Ormerie, Bannier, de la Bretonnerie, de l'Ételon, de l'Oriflamme, du Pot-de-Fer, de la Cerche, Sainte-Anne, d'Escures; les cloîtres Saint-Aignan, Sainte-Croix, et les places du Martroi et de l'Étape.

55. Rue de Bourbon ou du Prince-Royal, et enfin de Jeanne d'Arc. 21 pièces in-4 concernant l'exécution de cette rue de 1825 à 1836.

> On a joint à ce recueil une lettre du maire d'Orléans signée Moreau, le maire absent, à un employé du ministère

de l'intérieur du 11 octobre 1836, afin d'activer cette affaire auprès du Conseil d'État. Cette lettre est dirigée contre la Compagnie de la rue du Prince-Royal.

56. Nouveau Guide de l'étranger dans Orléans, par Vergnaud-Romagnési. *Orléans, H. Herluison,* 1868. In-12.

ORLÉANS ECCLÉSIASTIQUE.

57. GALLIA CHRISTIANA, in provincias ecclesiasticas distributa; qua series et historia archiepiscoporum, episcoporum et abbatum Franciæ vicinarumque ditionum, ab origine ecclesiarum ad nostra usque tempora... aucta opera et studio Dionis. Sammarthani et aliorum monachorum ex ordine S. Benedicti. Tomus octavus. *Lutetiæ Parisiorum, ex typographia regia,* 1744. In-fol., mar. rouge, fil., tr. dor. (*Anc. rel.*)

Superbe exemplaire, aux armes du prince EUGÈNE DE SAVOIE. Ce volume contient la partie qui concerne l'Orléanais.

58. Les Conciles d'Orléans considérés comme source du droit coutumier et principe de la constitution de l'Église gauloise, par J. Eug. Bimbenet, greffier en chef de la Cour impériale. *Orléans, H. Herluison,* 1864. In-8, broch.

59. Conciles d'Orléans, ou Assemblées générales des évêques de la Gaule à Orléans, au VIe siècle, par M. l'abbé de Torquat. *Orléans, H. Herluison,* 1864. Broch. in-8.

60. Annales ecclesiæ aurelianensis sæculis et libris sexdecim. Addito tractatu accuratissimo de veritate translationis corporis S. Benedicti ex Italia in Gallias ad monasterium Floriacense diocesis aurelianensis. Auctore Carolo Sausseyo, aureliano, S. theologiæ et doctore, socio sorbonico, decano ecclesiæ aurelianensis. *Parisiis, apud Hieronymum Drouart,* 1615. In-4, mar. bleu, plats ornés, dent. int., tr. dor.

Très-bel exemplaire avec un portrait de Mgr de l'Aubespine.

61. Codex statutorum synodalium diocesis aurelianensis, authoritate R. in Christo Patris ac D D. Alfonsi Delbene Dei et S. sedis apostolicæ gratia aurelianensis episcopi collectorum, editorum et publicatorum Aure-

liæ, die 27 maii 1664, in synodo generali. *Aureliæ, apud Claudium et Jacobum Borde,* 1664. In-4, v. jasp.

62. Nouveau Calendrier spirituel chronologique et historique... (par Joseph Medon). 3ᵉ édit. *Orléans, Couret de Villeneuve,* 1764. Pet. in-8, n. rel.

63. Notice historique sur le chapitre et l'église Sainte-Croix, cathédrale d'Orléans, par Henri de Monteyremar. *Paris,* 1865. In-8, br.

64. Souvenirs religieux d'Orléans. Discours prononcé dans l'église de Saint-Aignan, le 20 novembre 1859, par M. l'abbé Brugère, docteur en théologie, professeur de philosophie au petit séminaire. *Orléans, imp. d'Alex. Jacob,* 1859. Br. gr. in-8.

65. Guillelmi Prousteau, antecessoris aurelianensis epistola ad nobilem et clarissimum virum Petrum de Porrade massiliensem de obitu ac virtutibus Marini Groteste Desmahis, diaconi (et) aurelianensis ecclesiæ canonici. *Aurelianis, apud viduam Paris, viâ Sancti Salvatoris, ad insigne Crucis Auræ.* 1695. In-12 de 48 pp.

66. Le Noël des paroisses d'Orléans, avec un commentaire historique et critique, par M. l'abbé V. Pelletier, chanoine de l'église d'Orléans. *Orléans, H. Herluison,* 1860. In-8, d.-rel. v. fauve, n. rog.

67. La Grande Bible des Noels, nouvelle édition, revue, corrigée et mise dans un meilleur ordre, augmentée des noels d'Orléans, Blois, Bourges, Tours, Artenay, Saint-Benoit-sur-Loire, Arpajon et Clamecy, et d'un vocabulaire pour l'intelligence du vieux langage. *Orléans, H. Herluison,* 1866. Pet. in-8, d.-maroq. La Vallière, poli, n. rog

> L'un des 33 exemplaires tirés sur papier de Hollande. Il porte le nᵒ 2.

68. Assemblée générale de la Société biblique d'Orléans, auxiliaire de celle de Paris, 23 novembre 1826, 2ᵉ anniversaire. *Orléans, imp. d'Alex. Jacob,* 1826. Br. in-8.

Évêques d'Orléans.

69. Les évêques d'Orléans, depuis les origines chrétiennes

jusqu'à nos jours, par V. Pelletier, chanoine de l'é-
glise d'Orléans et vicaire général. *Orléans*, 1855. In-12,
broch.

70. Notice sur l'église Saint-Euverte d'Orléans. — Légende de saint Euverte, évêque d'Orléans. *Orléans*, 1856.
2 br.

> Exemplaires tirés sur grand papier, format in-4, avec un
> envoi autographe du P. Le Vasseur, supérieur des prêtres
> de la Miséricorde.

71. Episcopats de saint Euverte et de saint Aignan, ou l'É-
glise d'Orléans aux IVᵉ et Vᵉ siècles, par J. Eugène
Bimbenet, greffier en chef de la Cour impériale. *Orléans, H. Herluison*, 1861. In-8, tiré à 125 exempl., d.-
rel. chag. noir, n. rog.

> Exemplaire sur papier vergé, avec un double titre, celui
> qui avait été adopté originairement, et qui fut depuis rem-
> placé par le susindiqué.

72. Histoire de saint Aignan, évêque d'Orléans, et de la
dévotion des fidèles à ses reliques, par l'abbé de Torquat, auteur de plusieurs travaux historiques relatifs à
l'Orléanais. *Orléans, imp. d'Alex. Jacob*, 1848. In-18, d.-
chag. vert.

73. Théodulfe, évêque d'Orléans et abbé de Fleury-sur-
Loire, par M. l'abbé Baunard, docteur ès-lettres. *Orléans, imp. de Jacob*, 1860. In-8, d.-rel. v. rouge.

74. Charte d'Agius, évêque d'Orléans, de l'an 854, com-
muniquée (à la Société des antiquaires de France)
par M. Vergnaud-Romagnési, associé, et annotée par
M. Bordier, s. d. (1867). In-8, avec la reproduction de
la Charte.

75. Discours sur l'origine du privilége des evesques d'Orléans avec des remarques historiques (par D. Polluche).
A Orléans, chez François Rouzeau, 1734. Pet. in-8, n. rel.

76. Histoire de l'illustre et célèbre entrée de monseigneur
Louis Gaston Fleuriau d'Armenonville, conseiller du
Roy en tous ses conseils, évesque d'Orléans, avec une
relation des cérémonies qui se font à leurs processions
et les priviléges attribuez aux seigneurs evesques, avec
les figures en taille-douce. *A Orléans, chez Jean Borde*,
1707. In-4, d.-rel. v. fauve.

> On a ajouté le portrait de Mgr Fleurian d'Armenonville.

gravé par Moyreau, et deux édits de Louis XIV concernant la délivrance des prisonniers par les évêques d'Orléans, l'un de 1753, l'autre de 1758.

77. DISCOURS HISTORIQUE, généalogique et critique dont la substance est le résultat d'une combinaison exacte des pièces comprises tant dans la collection des titres de la maison de Jarente que dans le supplément qui y a été ajouté, et des extraits de titres et faits historiques qui ont été rassemblés par le généalogiste des ordres du Roi dans la preuve de noblesse dressée pour la réception de M. l'évesque d'Orléans en celui du Saint-Esprit. (*Paris*) *de l'imprimerie de Ballard, seul imprimeur du Roi pour la musique*, 1765. In-fol. de 140 pp. avec 3 titres différents, dont deux, datés de 1768, portant une planche d'armoiries. Br. NON ROGNÉ, dans un carton.

Unique exemplaire d'un livre arrêté à la presse en 1768. Il a appartenu au célèbre bibliophile Leber, qui a écrit de sa main, en tête de ce précieux volume, la note suivante :

« Des motifs de haute convenance, l'intérêt politique mêlé à des intérêts de famille, ont fait supprimer cet ouvrage avant même que l'impression n'en ait été achevée. Toutes les feuilles tirées jusqu'à M*m* ont été complétement détruites, toutes, excepté le présent exemplaire, que l'auteur s'est réservé pour lui seul, et comme copie de son manuscrit. Cet auteur est l'*abbé d'Estrées*, qui s'est fort occupé de généalogies, de critique historique et littéraire, et dont les écrits imprimés, sauf celui-ci, sont d'ailleurs bien connus, quoiqu'ils ne portent pas son nom.

« L'abbé d'Estrées écrivit ce livre à l'occasion des preuves de noblesse faites par M. de Jarente, évêque d'Orléans, pour sa réception dans l'ordre du Saint-Esprit. C'est ce qu'indique le premier titre de l'ouvrage à la date de 1765, dont le corps principal se borne aux mots : *Discours historique, généalogique et critique*, sans addition immédiate du nom de Jarente, qu'on ne lit que dans le développement. Mais il paraît que l'intention secrète du critique était moins de servir la maison de ce nom, que de faire valoir les prétentions du saint-siége à la propriété incommutable du comtat Vénaissin, prétentions que nos rois toléraient depuis des siècles, sans les reconnaître. Cette intention se décèle dans un deuxième titre de 1768, qui, en présentant l'ouvrage comme un *Discours historique et critique sur la maison de Jarente*, annonce pourtant une discussion « de quelques points des « plus intéressants du *comté* Vénaissin, de ceux de Pro- « vence, de Forcalquier et du royaume de Naples, par rap- « port *au droit public*, et pour l'éclaircissement... des titres

« de la maison de Jarente. » Cette dernière phrase est, enfin, supprimée dans un troisième titre du livre, dont le développement ne rappelle que les recherches historiques d'intérêt général. Ces trois titres font partie de notre exemplaire.

« Quoi qu'il en soit, l'ouvrage n'a dû être arrêté à la presse que là où la question politique allait être abordée par l'application des faits recueillis sur le droit ancien à l'état actuel de la possession... C'est cette deuxième partie, la plus piquante sans doute, qui n'a jamais paru. Mais l'introduction n'en est pas moins curieuse par une foule de particularités historiques puisées dans les archives publiques et privées, qui n'avaient pas encore été étudiées, qu'on ne trouverait point ailleurs présentées au même point de vue, et qui donnent une valeur réelle au seul exemplaire existant du livre où elles se révèlent sous la garantie d'autorités irrécusables. L'auteur, en effet, n'avance rien qui n'ait sa preuve dans un document manuscrit ou imprimé, inédit ou peu connu, religieusement cité.

« Cet exemplaire m'a été donné, comme gage d'un sentiment qui m'est cher, par M. Hutteau d'Origny, ancien membre du Conseil d'État et maire de Paris, qui l'avait reçu de son père, un de nos plus célèbres avocats au Parlement, mort en 1807.

78. **Lettres pastorales et mandements des éveques d'Orléans**, de 1757 à nos jours. 10 broch. in-4 dans un carton.

78 *bis*. **Mémoires de Monseigneur J. Brumaud de Beauregard, évéque d'Orléans.** *Poitiers*, 1842, 2 vol. in-12, br.

79. **Monseigneur Dupanloup, évêque d'Orléans.** 20 brochures de polémique religieuse ou politique publiés par lui depuis son élévation à l'épiscopat. In-8, dans un carton.

ORLÉANS JUDICIAIRE.

80. **Sensuyvent les coustumes des bailliage et prevoste dOrléans et ressors diceulx lesquelles dâciênete ont este vulgairemét apellez les coustûes de lorrys.** pource que lorris est une des chastellenies dudit bailliage. (*A la fin :*) Cy finissent les coustumes des bailliage et prevoste Dorleans et ressors d'iceulx. *Imprime a Paris par la veufve feu Jehâ Trepperel et Jehâ Jehânot, imprimeur et libraire jure en luniversite de Paris, demourât en la rue Neuve Nostre-Dame. A*

lenseigne de lescu de France, 1512. Pet.in-8, goth. de 104 ff. non chiff., sign. *a* II à *n* , III. — (*A la suite.*) Les ordonnances royaux nouvellement publiées à Paris, de par le roy Loys douziesme de ce nom, le xxvij iour du moys davril. Lan mil cinq cens et douze. 24 ff. Sur le titre se voit l'écu de France, et sur le dernier feuillet celui de France et Bretagne.

> On voit au verso du titre une figure en bois représentant un scribe qui présente à signer au conseil du roi la charte concernant lesdites coutumes, et au verso une autre figure, en tête de laquelle se trouvent les écus de France, France et Bretagne, et de la ville d'Orléans; puis au-dessous, le roi Louis XII sur son trône; 5 membres du Parlement sont devant lui, l'un d'eux agenouillé lui présente la coutume.

81. Coustumes des duché, bailliage, prevosté d'Orléans et ressorts d'iceux, mises et redigees par escrit, en présence des gens des trois Estats desdits duché, bailliage et prevosté, par messire Achille de Harlay, premier president, Jacques Viole et Nicolas Perrot, conseillers du Roy en sa court de Parlement et commissaires par luy ordonnez. *A Orléans, chez Saturny Hottot, imprimeur juré,* 1588. In-4, rel. en parch.

> Exemplaire interfolié de papier blanc, portant des notes anciennes, dont quelques-unes se font remarquer par leur singularité.

82. Coustumes generales des bailliage et prevosté d'Orléans et ressorts d'iceux, revuës, corrigées et de nouveau augmentées d'annotations, avec le procès-verbal, par Léon Trippault, advocat au siége présidial d'Orléans. Plus un extraict de l'antiquité et choses plus notables d'icelle ville, fidelement recueilly par le mesme autheur, des cosmographes et historiens qui en ont escrit, et almanach contenant les jours non plaidoiables, qui y sont pour le present observez. *A Orléans, par Eloy Gibier,* 1570, Pet. in-8, rel. en parch.

> On trouve à la fin le prelum, marque du libraire Eloy Gibier, attribuée au fameux Geoffroy Tory, de Bourges, dont il porte la croix.

83. Coustumes des duché, bailliage et prevosté d'Orléans et ressorts d'iceux, mises et rédigées par escrit, en présence des gens des trois estats desdits duché, bailliage et prévosté, par messire Achille de Harlay, premier président, Jacques Viole et Nicolas Perrot, conseillers

du Roy en sa court de Parlement et commissaires par lui ordonnez, et almanach contenant les jours non plaidoiables, qui y sont pour le présent observez. *A Orléans, par Eloy Gibier et Saturny Hotot,* 1587. Pet. in-8, mar. vert, dent. int., tr. dor.

> Exemplaire qui porte au bas du privilége la signature autographe du libraire S. Hotot.

84. Coustumes des duché, bailliage et prevosté d'Orléans et ressorts diceux, mises et redigées par escrit en présence des gens des trois Estats dudict bailliage. *Orléans, par Fabian Hottot,* 1616. In-32, bas. marb.

85. Trois curieux arrêts de la cour du Parlement exécutés à Orléans au XVIIIe siècle. In-4, cart.

> Arrêt qui condamne M. Éliz. Bigot, femme Petitpas, à faire amende honorable et au bannissement pour 5 ans, pour avoir fait accroire à son mari, pendant 9 mois, qu'elle était grosse, avoir feint être accouchée chez la femme Paulard, et fait présenter au baptême comme sien un enfant qu'elle avait enlevé sur les marches de l'église de Saint-Germain, etc. — Arrêt qui condamne Mme Fougereux, femme de Jacque Lefevre, à être promenée sur un âne, le visage tourné vers la queue, ayant un chapeau de paille sur la tête et un écriteau devant et derrière portant ces mots : *Maquerelle publique,* dans les rues et carrefours de la ville d'Orléans, battue et fustigée nue de verges, flétrie d'un fer chaud en fleur de lys et enfermée pour 5 ans. 1780. — Arrêt qui condamne J. P. Brisse au fouet dans les carrefours d'Orléans, et notamment à la porte de sa maison, avec cet écriteau : *Fauteur de prostitution,* et Anne Cosson, sa femme, à être mise sur un âne et l'écriteau : *Maquerelle publique et voleuse,* le fouet et la marque V sur l'épaule, et à être renfermée 9 ans en la maison de force de l'hopital de la ville d'Orléans, etc., etc.

86. Jurisprudence de la cour royale d'Orléans, par M. Colas de la Noue. *Orléans,* 1836. 2 vol. in-8, broch.

87. Eloge historique de M. Pothier, conseiller au présidial d'Orléans et professeur de droit françois en l'université de la même ville, par M. Le Trosne, avocat du roi au présidial d'Orléans; précédé d'un Discours latin prononcé à la rentrée de l'université d'Orléans, le 20 novembre 1772, par M..., professeur en droit de la même université. *Orleans, veuve Rouzeau-Montaut,* 1773. Pet. in-8, d -rel. v. fauve, n. rog.

88. Discours de rentrée de la Cour royale et impériale d'Orléans, de 1823 à nos jours. 20 broch. in-8, dans un carton.

ORLÉANS INDUSTRIEL ET COMMERCIAL.

89. Histoire de la communauté des marchands fréquentant la rivière de Loire et des fleuves descendant en icelle, par P. Mantellier, président à la Cour impériale d'Orléans. *Orléans, H. Herluison*, 1863-1867. 2 vol. in-8, broch.

90. Arrest par lequel est declaré et interprété l'article du peage de Giem, concernant les javelles, charniers ou passeaux dont est deu quatre deniers parisis pour cent. *A Orleans, par Eloy Gibier*, 1571. Pet. in-8., d.-chag. noir.

91. Arrest contenant declaration de la coustume du mesran et autres espèces de bois qui sont voitturees et conduites par les destroits du peage d'Orléans, par la rivière de Loire, lesqueles sont redevables au roy nostre sire, à cause de son duché d'Orléans. *A Orléans, par Eloy Gibier*, 1579. Pet. in-8, d.-rel. chag. n.

92. Arrest par lequel est faict defenses au bailly de Blois, ou son lieutenant, d'entreprendre aucune cognoissance sur le faict de la navigation de la riviere de Loire. *A Orléans, par Eloy Gibier*, 1580. Pet. in-8, d.-chag. noir.

93. Arrest par lequel les seigneurs des peages de Sully sont condamnez a balliser et nettoyer la rivière de Loire, es fins et limites de leur peage. *A Orléans, par Eloy Gibier*, 1586. Pet. in-8, d.-chag. n

94. Arrest pour les marchands fréquentant la rivière de Loire. Pièces imprimées à Orléans de 1602 à 1714. Rel. en 17 plaquettes. Pet. in-8, dem.-rel. v. b.
    Ces pièces intéressent les villes d'Orléans, Blois, Saumur, et autres localités riveraines de la Loire.

95. Coutumes fiscales d'Orléans à la fin du treizième siècle, par M. de Vassal, archiviste du département du Loiret. *Orléans, imp. d'Alex. Jacob*, 1853. In-8, d.-rel. mar. v.

96. Etat de la situation des manufactures du département d'Orléans pendant les six premiers mois de 1732. 13 pp. in-fol.

> Manuscrit signé G. Deshais adressé à l'intendant d'Orléans. Les manufactures dont il est question dans ce mémoire sont celles des villes suivantes : Chartres, Pongouit, Guillonville, Illiers, Brou, Authon, La Basoche, Montoire, Vendôme, Sully, Gien, Saint-Fargeau, Chatillon-sur-Loire, Montargis, Château-neuf-sur-Loire, Jargeau, Vouzon, Orléans, Blois et Dourdan.

97. Tarif des droits d'entrée et d'octroi d'Orléans. Pet. in-8, d.-rel. mar. noir, n. rog.

> Manuscrit du commencement du XIXᵉ siècle.

Statuts des corporations d'arts et métiers.

98. Statuts et reglemens pour les chirurgiens des provinces etablis ou non etablis en corps de communauté. *Orléans, chez la veuve Rouzeau, imprimeur de la ville,* 1745. 66 pp. in-4. — Sentence de police qui fait defense à tous les maîtres de la communauté des chirurgiens de friser pommader, poudrer et accommoder les cheveux et les perruques tant en leurs boutiques que chez les bourgeois et en auberge. *Imp. de Charles Jacob,* 1747. 7 pp. in-4.

99. Statuts et reglemens de l'orfevrerie de la ville d'Orléans ; avec la liste générale des marchands et maîtres orfèvres de ladite ville reçus depuis 1500 jusqu'à present, ensemble les noms des veuves. *Orléans, Charles Jacob,* 1756. 23 pp. in-4.

> L'arrêt confirmatif du Conseil d'État est daté du 27 août 1612.

100. Statuts, priviléges, ordonnances et règlemens de la communauté des maîtres menuisiers et ébénistes de Paris, rendus communs, par lettres patentes de Sa Majesté du mois d'août 1768, avec les maîtres menuisiers de la ville, faubourgs et banlieue d'Orléans. *Orléans, Charles Jacob,* 1769. In-8 de 130 p.

101. Statuts et règlements des maîtres serruriers d'Or-

léans, registrés en parlement le 26 janvier 1742. *Orléans,
Charles Jacob*, 1742. 16 p. in-4.

102. Statuts et règlemens que les maîtres chaudronniers,
dinandiers de la ville et fauxbourg d'Orléans, supplient
Sa Majesté de leur vouloir accorder et confirmer. *A Orléans, de l'imprimerie de la veuve Paris*, 1694. In-4.

103. Statuts, ordonnances et règlemens pour la communauté des maîtres chandelliers d'Orléans, dressés sur les
anciens statuts. 27 janvier 1689. 13 pag. — Statuts et
ordonnances concernant l'estat et mestier des tourneurs
et boisseliers d'Orléans. 1659. 8 pag. — Arrest du parlement portant règlement entre la communauté des
maîtres tourneurs et boisseliers et la communauté des
maistres chandelliers d'Orléans, 8 mai 1700. 10 p.
in-4.

104. Statuts et réglements pour la communauté des maîtres boulangers de la ville, fauxbourgs et banlieues
d'Orléans, confirmés par lettres patentes de septembre
1718. *Orléans, Abraham Jacob*, 1719. In-4 de 17 pag.

105. Statuts et règlements pour la communauté des marchands bouchers de la ville, faubourgs et banlieue d'Orléans. *Orléans, Charles Jacob*, 1744. In-4 de 63 pag. —
Arrest du parlement concernant le loyer des étaux de la
grande boucherie d'Orléans (1719). 6 p.

   La première charte homologuant ces statuts a été signée
   à Gisors par le roi Philippe Auguste en 1220.

106. Statuts et règlements pour la communauté des maîtres pâtissiers et rôtisseurs d'Orléans. *Orléans, Charles
Jacob*, 1751. In-4 de 36 p.

   Les premières lettres patentes sont datées de 1569.

107. Statuts et reglements des maîtres vinaigriers, buffe-
tiers et moutardiers d'Orléans. *Orléans, Charles Jacob*,
1760. In-4 de 68 p., avec fig. sur bois.

   Ces statuts avaient été accordés le 3 novembre 1594.

108. Nouveaux Statuts et reglemens pour la communauté
des marchands vinaigriers de la ville, faubourgs et banlieue d'Orléans. *Orléans, de l'imprimerie de Jacques-Philippe
Jacob*, 1781. Pet. in-8 de 40 p.

109. Statuts et reglemens concernant le commerce des
étoffes de soy, de laine, de fil et cotton ou floret meslez

avec la laine, proposez par les marchands d'Orléans pour y être observez sous le bon plaisir du roy. *Orléans, François Rouzeau et Gilles Hotot,* 1670. In-4 de 15 p.

110. Statuts, ordonnances et reglemens qui doivent être gardez et observez par les marchands et ouvriers du métier de bas, canons, camisolles, caleçons, chaussons et gants de soye et laine, de la ville d'Orléans. *Orléans, de l'imprimerie de Nicolas Lanquement, rue des Petits souliers.* 1731. 15 pag. in-4. — Arrest qui supprime la communauté des maîtres fabriquans de bas et autres ouvrages au métier d'Orléans, et les réunit aux maîtres marchands et ouvriers bonnetiers au tricot, pour ne faire à l'avenir qu'un même corps de bonneterie. 1739. *Orléans, Ch. Jacob,* 1739. In-4.

111. Mémoire pour les marchands-merciers de la ville d'Orléans sur le projet de statuts présenté à Sa Majesté, renvoyé à M. l'intendant de la généralité, qui l'a renvoyé à M. le lieutenant-général de police et à MM. les maire et échevins pour avoir leur avis. 1746. — Arrest contradictoire du Conseil d'État, lettres patentes, etc., rendus sur les avis des officiers juges de police d'Orléans concernant le commerce des marchands-merciers. *Orléans, Charles Jacob,* 1749. 2 broch. in-fol.

112. Statuts et règlements pour servir à la conduite, gouvernement et discipline du corps et communauté des maîtres tisserands en toile, canevas et linge de la ville, fauxbourgs et banlieuë d'Orléans, registrés le 23 mars 1743. *Orléans, Charles Jacob,* 1743. 16 pag. in-4.

113. Statuts, ordonnances et règlements pour la communauté des maîtres fripiers et chaussetiers d'Orléans. *Orléans, Charles Jacob,* 1749.

114. Statuts et règlemens des maîtres cordonniers de la ville d'Orléans, vérifiés en parlement le 21 mai 1659 et obtenus à la diligence de François Finet, Jean Moireau et Louis Maréchal, maîtres-jurés-cordonniers de la dite ville. *Orléans, Charles Jacob,* 1756. In-4 de 17 p.

ORLÉANS SCIENTIFIQUE, ARTISTIQUE, LITTÉRAIRE
ET HISTORIQUE,

*Comprenant les recueils périodiques, tels que journaux,
almanachs et Mémoires des Sociétés savantes
et littéraires.*

115. Journaux orléanais, représentés par un ou plusieurs
numéros de chacun de ceux indiqués ici. dans un carton.

> Annales orléanaises. — Annonces affiches et avis divers
> de l'Orléanais. — La Constitution. — Garde nationale du
> Loiret. — Grandes affiches. — Le Conservateur des hypo-
> thèques. — Journal général du département du Loiret. —
> Journal judiciaire et commercial. — Moniteur du Loiret. —
> Mémorial du Loiret. — Messager Orléanais. — Nouvelliste
> du Loiret. — L'Indépendant du Loiret. — Presse du Loiret.
> — Petites affiches. — Presse du Loiret, etc.

116. Le Messager Orléanais, journal d'annonces et avis
divers de littérature, sciences et arts, janvier 1829 à
décembre 1832. *Orléans, imprimerie de Guyot aîné, 1829-32.*
4 vol. in-8, d.-rel. chag. rouge.

> Guyot aîné, l'éditeur, dit dans son prospectus : « 25 années
> se sont écoulées depuis l'époque où nous nous sommes
> livrés à la publication d'un journal d'annonces politiques et
> littéraires sous le titre de *Annales périodiques de la ville
> d'Orléans*. Cette entreprise, continuée sans interruption pen-
> dant sept ans, était de plus en plus encouragée par un succès
> constant, lorsque nous fûmes compris, en 1811, dans une
> mesure générale qui ordonna la suppression de notre feuille. »
> Etc.

117. Le Démocrate, journal d'Orléans, du 1er avril au
1er juillet 1848. 23 nos en 1 vol., in-fol., d.-rel. bas.
fauv.

> Collection bien complète de ce journal rare avec les deux
> premiers numéros spécimens, au total 25 numéros.

118. L'Orléanais, revue de la semaine, politique, religieuse et littéraire ; première et deuxième années (1850,
au 12 juin 1852). *Orléans, imp. J. B. Niel, 1850-52.* 2 vol.
in-fol., d.-rel. v. vert.

119. Le Foyer, journal critique, littéraire, d'art, de modes, et programme du théâtre d'Orléans, année 1842 (1ʳᵉ), 1844, 1845, 1846. *Orléans, imprimerie de Pesty* (puis après le nᵒ 4), *de Durand*, 1842, 1844 à 1846. 4 vol. in-fol., fig., cart.

> La première année est imprimée sur papier de couleurs variées.

120. Le Parterre, journal-programme du théâtre d'Orléans, du 22 novembre 1863 au 3 janvier 1864. 20 nᵒˢ in-fol., n. rel.

121. Recherches historiques et littéraires sur les almanachs orléanais, depuis leur origine jusqu'à nos jours, par M. de la Place de Montévray. *Orléans, imprimerie de Danicourt-Huet*, 1836. In-8.

122. Calendrier historique d'Orléans, curieux et nécessaire, avec le détail du commerce de la ville et du département du Loiret, corrigé et considérablement augmenté, année 1793. *A Orléans, chez Darnault et Maurant, imprimeurs et libraires, rue Pomme-de-Pin, nᵒ 20, l'an deuxième de la République.* In-18, maroq. rouge, plats ornés. (*Anc. rel.*)

123. Étrennes orléanoises, curieuses et utiles pour l'année 1768, dédiées à M. de Cypierre, intendant d'Orléans. *Orléans, chez Couret de Villeneuve*, 1768. In-18, maroq. rouge, fil., tr. dor., avec une carte du gouvernement d'Orléanois. (*Anc. rel.*)

124. Nouvelles Étrennes orléanaises, augmentées de plusieurs objets utiles, d'un compte fait pour ce que chaque citoyen doit payer pour l'illumination, d'un tarif de poids et mesures en usage dans l'Orléanois et du tableau de l'assemblée provinciale de l'Orléanois pour l'année 1789, dédié à M. de Cypierre de Chevilly. *Orléans, Couret de Villeneuve*, 1789. In-18, maroq. rouge, fil., tr. dor. (*Rel. de l'époque.*)

125. État actuel ecclésiastique, civil et militaire du département du Loiret; étrennes orléanoises et patriotiques pour l'année MDCCXCI, par L. P. Couret. *Orléans*, 1791. In-8, maroq. vert, fil., tr. dor., avec le plan du département. (*Rel. de l'époque.*)

126. Le Galant Horloger, almanach chantant orléanois, 1786. *Orléans, imp. de C. A. I. Jacob aîné*, 1786. In-18, maroq. rouge, fil, tr. dor. (*Rel. de l'époque.*)

127. Recherches sur les Sociétés savantes et littéraires de l'Orléanais, par F. Dupuis. *Orléans,* 186 . Broch. in-8.

128. Arrest du Conseil d'État du roi portant établissement d'une Société de physique, d'histoire naturelle et des arts, dans la ville d'Orléans, du 20 mars 1784. *Orléans, Couret de Villeneuve.* 8 pag. in-4.

> Cette société fut érigée en 1786 en Académie royale des sciences, arts et belles-lettres.

129. Statuts et règlemens de l'Académie royale des sciences, arts et belles-lettres d'Orléans. *A Orléans, de l'imprimerie de Couret de Villeneuve,* 1787. In-4 de 52 pag.

130. Société des sciences, belles-lettres et arts d'Orléans. *Orléans,* 1818-1867, 34 vol. in-8, broch.

> Comprenant : Annales 1818-1834, 14 vol. — Mémoires, 2e série, 1837, 10 vol. — 3e série, 1853-67, 11 vol.

131. Bulletin de la Société d'horticulture d'Orléans. *Orléans,* 1841-66. 8 vol. in-8, broch.

132. Mémoires de la Société archéologique de l'Orléanais. *Orléans,* 1849-1867. 9 vol. in-8 et atlas in-4, broch.

133. Bulletins de la Société archéologique de l'Orléanais. *Orléans, imp. d'Alex. Jacob,* 1848-1867. 4 vol. in-8, broch.

134. Bulletins de la Société littéraire de l'Orléanais. *Orléans,* 1857-59. 4 bulletins in-8, broch.

135. Études chrétiennes de littérature, de philosophie et d'histoire. *Paris, E. Belin,* 1865. In-8, broch.

> Ce volume comprend les mémoires publiés par l'académie de Sainte-Croix d'Orléans.

MONOGRAPHIES SPÉCIALES.

VILLES, VILLAGES, CANTONS, COMMUNES, COMPRIS DANS L'ANCIENNE PROVINCE DE L'ORLÉANAIS.

136. Recherches historiques sur Saint-Jean-de-Brayc, par M. l'abbé Patron, chanoine d'Orléans, curé de Saint-Jean-de-Braye. *Orléans,* 1864. Gr. in-8, broch.

137. Notice historique sur Loury, par Houdas, instituteur à Olivet. *Orléans*, 1859. In-8, broch.

138. La Prise et réduction de la ville de Gergeau à l'obéissance du Roy faite par messieurs les comtes de Sainct-Paul et mareschal de Vitry, le dimanche 23 may 1621. Jouxte la copie imprimée en 1621. *Orléans, H. Herluison*, 1860. Plaquette in-8, tirée à 62 exempl., d.-maroq. rouge, n. rogn.

> Exemplaire unique, imprimé sur papier vergé de Hollande.

139. Essai sur la topographie d'Olivet, publié par la Société royale de physique, d'histoire naturelle et des arts d'Orléans. *Orléans, Couret de Villeneuve*, 1784. In-8, broch., n. rogn.

> Ce mémoire est dû à une commission composée de MM. Roussel, Prozet, Couret de Villeneuve et Beauvais de Préau. La rédaction fut confiée à ce dernier.

140 Le Loiret et ses rives : Olivet, la Source, le Loiret, fêtes sur l'eau. *Orléans, H. Herluison*, mai 1868. In-18, broch.

141. Notice sur la paroisse de Saint-Hilaire Saint-Mesmin, par M. l'abbé Rocher, chanoine d'Orléans. *Orléans, H. Herluison*, 1867. Broch. in-8

142. Histoire de Cléry, par Emmanuel de Torquat, chanoine honoraire d'Orléans. *Orléans, imp. d'Alex. Jacob*, 1856. Pet. in-8, d.-rel. m. v.

143. Essais historiques sur la ville et le canton de Beaugency, par M. Pellieux. Nouvelle édition, entièrement refondue, avec continuation jusqu'en 1856, par M. Lorrin de Chaffin. *Orléans*, 1856. 2 in-12, fig., broch.

144. Monographie du château de Sully, par M. Jules Loiseleur, bibliothécaire de la ville d'Orléans. *Orléans, H. Herluison*, 1868. In-8, broch.

145. Mémoire sur les bronzes antiques de Neuvy-en-Sullias, par P. Mantellier, président à la Cour impériale d'Orléans, lu à l'Académie des inscriptions et belles-lettres, le 8 juillet 1864 ; dessins de Charles Pensée. *Orléans, H. Herluison*, 1865. In-4, avec 16 pl. lithog.

146. Les Priviléges, franchises et libertés des bourgeois et

habitans de la ville et fauxbourgs de Montargis le Franc. *Imprimez et collationnez par permission du roy et ordonnance de la cour de parlement à Paris. S. d. (1621).* In-8, frontisp. et portraits gravés, rel. en vél.

147. Statistique agricole, commerciale, intellectuelle, de l'arrondissement de Montargis, par M. Boyard, président à la Cour royale d'Orléans, avec 10 lith. de C. Pensée. *Orléans, imp. de Danicourt-Huet*, 1836. In-8, broch.

148. Mémoire sur la ville et les seigneurs de Gien, par M. Marchand. *Orléans, imp. d'Alex Jacob*, 1858. Broc. gr. in-8.

149. Notices historiques sur le château de l'ancienne ville de Saint-Brisson-sur-Loire, et sur les vitraux de l'église de Sully-sur-Loire, par L. A. Marchant. *Gien, imp. de Théodule Clément*, 1844. In-12, broch., n. rog.

150. HISTOIRE GÉNÉRALE des pays de GASTINOIS, Senonois et Hurpois, composée par feu le R. Père don Guillaume Morin, cy devant grand prieur de l'abbaye royalle deFerrieres en Gastinois. *Paris, veuve Pierre Chevalier*, 1630. In-4, front. gravé, maroq. rouge, dent. int., tr. dor.

> Splendide exemplaire à toutes marges de ce rare volume. On a ajouté un portrait de Michel de la Cour, écuyer, gravé par Ficquet, et une vue de Ferrières, par Tassin.

151. Etudes sur l'histoire de Pithiviers. Fortifications de la ville, par M. Léon de la Tour, membre de la Société archéologique de l'Orléanais. *Orléans, typog. de G. Jacob*, 1864. Gr. in-8, broch

152. Chroniques de Saint-Mathurin de Larchant en Gastinais, par Emile Bellier de la Chavignerie, avec une reproduction à l'eau-forte d'une vue de Larchant au XVIIᵉ siècle, d'après Tassin, par M. Jules de Goncourt. *Pithiviers, typog. Chenu*, 1863. In-12, broch.

153. Plans et profilz des principales villes de la province de Beaulce, avec la carte generale et les particulieres de chascun gouvernement d'icelles (par Tassin). *S. L. N. D. (Paris 16..)* In-4 oblong, cart.

> Ce recueil contient les vues et plans des villes suivantes : Chartres, Chateauregnard, Corbeil, Estampes, Gallardon, Gastinois (carte générale du), Montargis et Saint-Mathurin de Larchant, ens. 18 cartes, plans ou vues.

154. Mémoires de la ville de Dourdan, recueillis par M. Jacques de Lescornay, conseiller du roy et son advocat au mesme lieu. *Paris, Bertrand Martin*, 1624. Pet. in-8, vélin.

155. Discours patriotique prononcé dans la ville de Toury en Beauce le jour de la bénédiction des drapeaux. *Orléans, L. P. Couret*, 1790. In-8.

> Le verso du faux titre contient un résumé historique sur Toury.

156. Histoire générale civile et religieuse de la cité des Carnutes et du pays chartrain vulgairement appelé la Beauce, par Michel-Jean-François Oseray. *Chartres, Garnier fils*, 1834. 2 vol. in-8, broch., n. c.

157. Histoire de la ville de Chartres, du pays chartrain et de la Beauce, par M. Doyen. *Chartres, Deshayes*, 1786. 2 vol. in-8, rel. v. ant., n. rog.

158. Histoire de Chartres, par E. de Lepinois. *Chartres Garnier*, 1858. 2 vol. in-8, fig., broch.

159. Les Coustumes du duché et bailliage de Chartres, Pays-Chartrain, Perche-Goüet, baronnies et chastellenies d'Alluye, Brou, Montmiral, Authun et la Bazoche-Goüet, estant audict Perche-Goüet, dictes les cinq baronnies, avec les commentaires de M. Charles Dumoulin, feu M. Gilles Tuloue, dict Ægidius Tullus, bailly de Gallardon, et de Nicolas Frerot, bailly de Gallardon, à tres illustre Henry Hurault, comte de Cheverny. *Paris, François Huby*, 1604. In-4, rel. en vélin.

160. L'Ordre des ceremonies du sacre et couronnement du très chrestien roy de France et de Navarre Henry IIII du nom, faict en l'eglise de Notre-Dame de la ville de Chartres, le dimanche xxvii de fevrier MDXCIIII. *A Chartres, chez Claude Cottereau, imprimeur ordinaire du roy.* 1594. *par commandement dudit seigneur.* Pet. in-8 de 55 pp., portrait de Henry IV, d.-rel. maroq. grenat.

161. Description de la cathédrale de Chartres, suivie d'une courte notice sur les églises de Saint-Pierre, de Saint-Aignan et de Saint-André de la même ville, avec cinq planches, par Bulteau. *Chartres, Garnier*, 1850. In-8, broch.

162. Histoire de Blois, contenant les antiquitez et singu-

larıtez du comté de Blois, les éloges de ses comtes et les
vies des hommes illustres qui sont nez au Païs Blesois,
avec les noms et les armoiries des familles nobles du
mesme Païs, par J. Bernier, conseiller et médecin ordinaire de feûë Madame douairière d'Orléans. *Paris,
François Muguet,* 1682. In-4, v. b.

> La page 100, chiffrée 200, contient un article sur le châ-
> teau de Bury; en regard se trouve une vue ancienne de ce
> château qu'on a ajoutée au volume ainsi qu'une vue de Blois
> qui regarde le titre.

163. Blois et ses environs, troisième édition du Guide
historique dans le Blesois, par M. L. de la Saussaye,
revue, corrigée, agmentée et illustrée de 38 vignetes.
. *Blois (Lyon, imp. de Louis Perrin),* 1862. Pet. in-8, pap.
vergé teinté, tiré à 100 exemplaires, broch.

164. Le Château de Chambord, par L. de la Saussaye,
membre de l'Institut (Académie des inscriptions et
belles-lettres), dixième édition, revue, corrigée et augmentée, ornée de huit vignettes. *Blois (Lyon, imp. de
Louis Perrin),* 1865. Pet. in-8, papier teinté.

165. Histoire de Vendôme et de ses environs, rédigée par
feu l'abbé Simon. *Vendôme, Henrion,* 1834. 3 vol. in-8, d.-
rel. v. fauve.

166. Histoire de la ville et du château de Dreux, par
Mme Philippe Lemaitre, avec une savante notice archéo-
logique et historique sur l'église Saint-Pierre, par
M. l'abbé de l'Hoste, chanoine honoraire de Limoges.
Dreux, imp. et lib. de Lemenestrel, 1849. Gr. in-8, fig.,
broch.

167. Vues générales sur l'état de l'agriculture dans la
Sologne, et sur les moyens de l'améliorer, par M. Huet
de Froberville, secrétaire perpétuel de l'Académie des
sciences, arts et belles-lettres d'Orléans. Imprimé aux
frais de la province. *A Orléans, chez Jacob Sion, imprimeur
de l'Académie royale des sciences, rue Pomme de Pin,* 1788.
In-8, broch.

168. Mémoire sur l'amélioration de la Sologne, par
M. d'Autroche, membre de la Société royale d'agricul-

ture d'Orléans. *A Orléans, chez Jacob aîné,* 1787. In-8, broch., n. coupé.

169. Éloge de la Sologne, (par M. Deloynes de Gautray). *Orléans, imp. Guyot,* 1826. — 2ᵉ édit. *Orléans, Constant,* 1851. — 2 broch. in-8.

170. Mémoire sur la situation agricole de la Sologne et sur les moyens d'améliorer cette province, par M. Bourdon. *Orléans, imp. de Danicourt-Huet,* 1840. 100 pp. — Réflexions sur l'économie agricole de la Sologne. 1842. — 2 broch. in-8.

> Ce mémoire a obtenu une médaille d'or dans un concours provoqué en 1839 par la Société des sciences, belles-lettres et arts d'Orléans.

171. Amélioration de la Sologne, rapport par Becquerel, Machart et Delacroix. 1850. — De la Sologne et du moyen de l'améliorer sans la canalisation, par Machart. *Orléans* 1850 — Réplique d'un cultivateur solonais (M. G. Baguenault de Viéville) à M. Machart. *Orléans,* 1850. — 2ᵉ Réponse d'un cultivateur solonais. — Rapport sur les plantations forestières dans la Sologne et sur leur importance pour l'avenir de cette contrée, par A. Brongniart. — Mémoire à l'appui d'un placet présenté à l'Empereur sur la question d'amélioration et d'assainissement de la Sologne, par des délégués des comices des trois départements comprenant l'ancienne province de Sologne, sur la rédaction de M. A. Guillaumin. *Orléans, Pagnerre,* 1853.

Abbayes.

172. Histoire de l'abbaye royale de Saint-Benoît-sur-Loire, par M. l'abbé Rocher, chanoine d'Orléans, ouvrage orné de 21 planches, et précédé d'une lettre de monseigneur Dupanloup, évêque d'Orléans, à l'auteur. *Orléans, H. Herluison,* 1865. Gr. in-8, demi-rel. maroq. bleu, tr. supér. dorée, n. rogné.

173. Histoire de l'abbaye royale de la Cour-Dieu, ordre de Cîteaux, diocèse d'Orléans (1118-1793), par Louis Jarry, avocat. *Orléans, H. Herluison,* 1864. In-8, fig., tiré à 125 exempl., d.-rel. mar. b.

174. Trois discours de l'humilité et de l'obéissance, sur l'exemple du filz de Dieu se faisant filz de l'homme, composés par le Pere François Humiere, prestre de l'oratoire de Jésus, en faveur des ames destinées aux flames de l'amour eternel, 1626. In-8, rel. en vél.

> Curieux manuscrit du XVIIe siècle. On lit en tête une lettre dédicatoire datée de Dijon, du P. Humière : « Aux vénérables et dévotes Religieuses de Nostre Dame du Mont-Carmel, au monastère d'Orléans. » (22 pages.) Et plus loin une autre du même : « A la révérande mère prieure des religieuses carmelines sœur Marye de Jesus. » Datée de Dijon, 1628 (5 pages).

175. Cartulaire de l'abbaye de Saint-Père de Chartres, publié par M. Guerard, membre de l'Institut de France. *Paris, de l'imp. de Crapelet,* 1840. 2 vol. in-4, gr. pap. vél., veau fauve, fil. comp., tr. d'or.

> Très-bel exemplaire.

176. Histoire de l'abbaye de N.-D. de Coulombs, rédigée, d'après les titres originaux, par Lucien Merlet, archiviste, secrétaire de la Société archéologique d'Eure-et-Loir. *Chartres, imp. de Garnier,* 1864. Pet. in-8, fig. en bois, broch., tiré à 290 exempl.

177. Recherches historiques sur la commanderie de Boigny et sur l'ordre des chevaliers de Saint-Lazare de Jérusalem, par M. l'abbé Rocher, chanoine, membre de la Société archéologique de l'Orléanais. *Orléans, imp. G. Jacob,* 1865. In-8, planches.

> Avec un envoi autographe de l'auteur.

178 Recherches sur le monastère de Notre-Dame de Bonne-Nouvelle (d'Orléans), par M. de Vassal. *Orléans, impr. de Danicourt-Huet,* 1842. In-8, avec planch.

HISTOIRE DE LA NOBLESSE.

179. Nobiliaire de l'Orléanais, par C. de Vassal, archiviste honoraire du département du Loiret, Tome Ier. *Orléans, H. Herluison,* 1863. In-4, armoiries, broch.

180. Armorial des maires de la ville d'Orléans, par M. Lambron de Lignim. *Tours, imp. Ladvèse,* 1853. In-4.

181. Instruction donnée par la noblesse du bailliage de Blois à MM. le vicomte de Beauharnois et le chevalier de Phelines, ses députés aux états-généraux, et à M. Lavoisier, député suppléant, le 28 mars 1789. *S. L.* 1789. 54 pp. In-8, broch., n. rog.

182. Tableau général de la noblesse des bailliages de Blois et Romorantin en MDCCLXXXIX. (Publié par M. de la Saussaye.) *Lyon, imp. de Louis Perrin*, 1863. Gr. in-8, tiré à 200 exempl., broch.

183. Cahiers des pouvoirs et instructions du député de l'ordre de la noblesse du bailliage du Vendomois remis à M. le comte de Sarrazin, élu député aux prochains états-généraux pour l'ordre de la noblesse du bailliage du Vendomois, le 24 mars 1789. *S. L. N. D.* 14 pp. in-8, broch.

184. Chartes concernant les familles orléanaises. 8 pièces des XVIe, XVIIe et XVIIIe siècles sur parchemin, formant ensemble 93 ff. gr. in-4, dans un carton.

> Ces pièces intéressent les familles : d'Aligre, Lhuillier, Braschet, de la Lande, Phelippeau, Petau, Stample, Geuffronneau, Lamyrault, Boyetet, etc.

185. Généalogies des principales familles de l'Orléanais, table analytique des manuscrits d'Hubert, par C. de Vassal, archiviste honoraire du département du Loiret. *Orléans, H. Herluison*, 1862. In-8, pap. vél., d.-maroq. bleu., dor. en tête, n. rog.

> Exemplaire avec la planche d'armoiries des élections de l'Orléanais, tirée sur trois papiers différents, vélin, vergé et de Chine. On a joint de plus une notice de M. Loiseleur sur le chanoine Hubert, sur ses écrits, et l'acquisition de ses mss. par la bibliothèque d'Orléans.

186. Généalogie de la famille Le Normant. *Orléans, imp. d'Al. Jacob*, 1853. In-4, arm., d.-rel. chagr.

187. Généalogie de la famille d'Orléans de Rère, par de Vassal, archiviste honoraire du département du Loiret. *Orléans, H. Herluison*, 1862. In-4, pap. vél., d.-rel. maroq. rouge, dor. en tête, n. rog.

> Tiré à 12 exemplaires.

188. Généalogie de la famille de Gauvignon de Basonnière, par de Vassal, archiviste honoraire du départe-

ment du Loiret. *Orléans, H. Herluison,* 1862. In-4, pap. vél., d.-rel. maroq. rouge, dor. en tête, n. rog.

> Tiré à 12 exemplaires.

189. Généalogie de la famille Baguenault de Puchesse et de Viéville (par M. Fernand-Baguenault de Puchesse). *Orléans, H. Herluison,* 1866. In-8, avec portrait et tableau généalogique.

> Exempl. sur papier vergé.

190. Généalogie de la famille Gaudart (par de Magny). *S. L. N. D.* broch. in-8.

> A la suite se trouvent les généalogies des familles de Sarrazin, Lambert de Cambray, Lambert de Chamerolles, de Lallemand, et en partie celle de la famille Chevalier d'Almont. C'est un tirage à part de 18 pp. qui doit faire partie d'un nobiliaire de l'Orléanais.

191. Le Chartrier français, ou Recueil de documents authentiques concernant la noblesse, par plusieurs collaborateurs. *Orléans, imp. P. Masson,* 1867. 1re livraison, 32 pp. in-8, n. rel.

> Cette première livraison contient la généalogie de la maison de Carbonnel.

192. Généalogie de la maison de Vélard (Vélard, Vellard ou Vellar), en Bourbonnais, en Auvergne, en Berry et en Orléanais, portant pour armes : d'azur semé de croisettes d'or, au chef de même (par E. de Cornulier). *Orléans, imp. Chenu,* 1868. In-8, avec blason, br.

BIOGRAPHIE.

193. Les Hommes illustres de l'Orléanais, biographie générale des trois départements du Loiret, d'Eure-et-Loir et de Loir-et-Cher, publiée par C. Brainne, J. Desbarbouiller, Ch. F. Lapierre. *Orléans, impr. d'Alex. Jacob,* 1852. 2 vol. in-8, d.-rel. chag. vert.

194. Biographie orléanaise, par M. Garnier-Dubreuil. In-4, d.-rel. v. f.

> Manuscrit du XIXe siècle.

195. Biographie de la famille Groslot d'Orléans, par C. F. Vergnaud-Romagnési. *Orléans,* 1867. Broch. in-8.

196. Abbregé de la vie et de la mort de messire Charles de la Saussaye, curé de Sainct-Jacques de la Boucherie, par le sieur de la Saullaye. Ens. : Les Justes Regrets des bons paroissiens de Sainct-Jacques de la Boucherie de la mort de leur pasteur, et une harangue de M. de la Saussaye qui n'avoit pas encores esté mise en lumière. *Lyon-sur-le-Rosne, par Louis Perrin*, 1657 (1857). Pet. in-8, pap. vergé teinté.

> Charmant pastiche des éditions anciennes publié par les soins d'un amateur éclairé, M. de la Saussaye, recteur de l'Académie de Lyon, auteur de divers ouvrages sur l'Orléanais, et descendant de la famille de Charles de la Saussaye.

197. Estienne Dolet, sa vie, ses œuvres, son martyre, par Joseph Boulmier. *Paris, Aubry*, 1857. In-8, port., broch.

198. Étude sur le XVIᵉ siècle. Estienne Dolet, sa vie, ses œuvres, son martyre, par M. Joseph Boulmier. (*Orléans, impr. E. Puget*, 1857.) 15 p. in-8.

> Étude critique de l'ouvrage de J. Boulmier, intitulé : Estienne Dolet, sa vie et ses œuvres. Elle est due à M. B. Aubé, alors professeur de logique au lycée impérial d'Orléans. Cet article, destiné à un journal, n'a pas paru et n'a été tiré qu'à 3 ou 4 exemplaires.

199. La Vie de sainct Ythier, confesseur evesque de Nevers et patron de l'église de Sully-sur-Loire. *Orléans, H. Herluison*, 1860. In-8, pap. vergé, d.-rel. v., n. rog.

200. Notice sur la vie et les ouvrages de Jean-Pyrrhus d'Anglebermes, par M. de la Place de Montévray. (*Orléans*), 1820. Br. in-8.

201. Éloge de Maximilien de Béthune, duc de Sully, par Thomas. *Paris, Regnard*, 1763. In-8, n. rog.

> Exemplaire sur papier fort.

202. Vie des Saints et personnages illustres de l'Eglise d'Orléans, par M. l'abbé Baunard. Maurice de Sully, Odon de Tournay et le bienheureux Réginald de Saint-Aignan. *Orléans*, 1861-63. 3 br. in-12.

203. Notice sur Guillaume Prousteau, docteur-regent de l'Université et fondateur de la bibliothèque publique d'Orléans, par M. Eugène Bimbenet. *Orléans, H. Herluison*, 1865. In-8, br.

204. Éloge de M. Pothier, doyen des conseillers aux bail-

liage et siége présidial d'Orléans, etc., prononcé à la rentrée d'après Pâques du bailliage de Romorantin, le 8 mai 1772, par M. Leconte de Bièvre, procureur du roi. *A Paris, chez Saillant. Et se trouve à Orléans, chez les frères Couret de Villeneuve, rue des Minimes, de l'impr. de Couret de Villeneuve père,* 1772. Pet. in-8 de 134 p., d.-rel. veau f., n. rog.

205. Notice sur M. le comte Adrien de Bizemont, par A. du Faur de Pibrac. *Orléans, impr. d'Alex. Jacob,* 1855. Br. in-8.

206. Notice sur M. Constant Leber, par F. Dupuis. *Orléans, impr. G. Jacob,* 1860. In-8.

207. Notice biographique sur M. F. Dupuis, conseiller à la Cour impériale d'Orléans, par M. l'abbé Desnoyers. *Orléans, impr. G. Jacob,* 1863. In-8.

208. Notice biographique sur M. C. L. de Vassal de Montviel, par M. l'abbé de Torquat. *Orléans, impr. de Jacob,* 1863. Br. in-8.

209. Choix de biographies. 20 broch. in-8, dans un carton.

> Éloge de Louis XII, par l'abbé Cordier. — Éloge de Pothier. — Notice sur l'abbé Merault. — Notice sur l'abbé Dubois, etc.

Jeanne d'Arc.

210. Procès de condamnation de Jeanne d'Arc, dite la Pucelle d'Orléans, traduit du latin et publié intégralement pour la première fois en français, d'après les documents manuscrits et originaux, par M. Vallet de Viriville, lauréat de l'Institut, etc. *Paris, Firmin-Didot,* 1867. In-8, broch.

211. Les deux procès de condamnation, les enquêtes et la sentence de réhabilitation de Jeanne d'Arc, mis pour la première fois intégralement en français d'après les textes latins originaux officiels, avec notes, notices, éclaircissements, documents divers et introduction, par E. O'Reilly, conseiller à la Cour impériale de Rouen. *Paris, Plon,* 1868. 2 vol. in-8, fig., br.

212. Chronique de la Pucelle, ou Chronique de Cousinot, suivie de la Chronique normande de P. Cochon, relatives aux règnes de Charles VI et Charles VII, restituées à leurs auteurs et publiées pour la première fois intégralement à partir de l'an 1403, d'après les manuscrits, avec notes et développements par M. Vallet de Viriville. *Paris, Delahays*, 1859. In-8, pap. vél. fort., d.-rel. maroq. bl., dor. en tête, n. rog.

213. Heroinæ nobilissimæ Joannæ Darc Lotharingæ, vulgo Aurelianensis Puellæ historia, ex variis gravissimæ atque incorruptissimæ fidei scriptoribus excerpta, ejusdem-mavortiæ virginis innocentia a calumniis vindicata authore Joanne Hordal, serenissimi ducis Lotharingiæ consiliario et I. V. doctore ac professore publico in alma universitate Ponti-Mussana. *Ponti-Mussi, apud Melchiorem-Bernardum*, 1612. In-8, fig. et front. gravés par Léonard Gaultier, vél.

214. Charles du Lis. Opuscules historiques relatifs à Jeanne d'Arc, dite la Pucelle d'Orléans. Nouv. édit., précédée d'une notice historique sur l'auteur, accompagnée de diverses notes et développements et de deux tableaux généalogiques inédits avec blasons, par Vallet de Viriville. *Paris, A. Aubry*, 1856. Pet. in-8, d.-rel. chag. vert, dor. en tête, n. rog.

215. Histoire de Jeanne d'Arc, surnommée la Pucelle d'Orléans, tirée de ses propres déclarations, de 144 dépositions de témoins oculaires et des manuscrits de la bibliothèque du roi et de la tour de Londres, par Le Brun de Charmettes. *Paris*, 1817. 4 vol. in-8, d.-rel.

216. Jeanne d'Arc, ou Coup d'œil sur les révolutions de France au temps de Charles VI et de Charles VII, et surtout de la Pucelle d'Orléans, par M. Berriat Saint-Prix, avec un itinéraire exact des expéditions de Jeanne d'Arc, son portrait, deux cartes, etc. *Paris, Pillet*, 1817. In-8, port., d.-rel. v. f.

217. Examen critique de l'histoire de Jeanne d'Arc, suivi de la relation de la fête célébrée à Dom-Remi en 1820, et de mémoires sur la maison de Jacques Darc et sur sa descendance, par M. de Haldat, docteur en médecine, secrétaire perpétuel de l'Académie de Nancy. *Nancy*,

Grimblot et v^e Raybois, 1850. In-8, maroq. br., fil., fig., tr. dor.

> Exemplaire avec portrait colorié. Il porte un envoi auto-graphe de l'auteur à M. Fortoul, ministre de l'instruction pu-blique et des cultes.

218. Jeanne d'Arc, par J. Michelet (1412-1432). *Paris, Hachette, 1853.* In-12, v. f., fil.

219. Jeanne d'Arc, par Lamartine. *S. l. n. d.* In-8, port., v. f., fil.

220. Origine e gesta di Giovanna Darco, del professore G. B. Crollalanza, da Fermo, autore della storia militare di Francia (seconda edizione). *Narni, Gattamelata. Orléans, H. Herluison,* 1862. In-8, fig., d.-rel. m. bl.

221. Discours sur la Pucelle d'Orléans et sur la délivrance de cette ville, prononcée dans l'église cathédrale d'Or-léans, le 8 mai 1767, par M. Perdoux, prêtre. *Orléans, Jacques-Philippe Jacob,* 1767. Pet. in-8, v. rac.

222. Choix de Panégyriques de Jeanne d'Arc prononcés par des orateurs chrétiens. 10 br. in-8 et in-12, fig., dans un carton.

223. Le Mistère du siege d'Orléans, publié pour la pre-mière fois, d'après le manuscrit unique conservé à la bibliothèque du Vatican, par MM. F. Guessard et E. de Certain. *Paris, Impr. impériale,* 1862. In-4, cart., non rog.

224. Siéges d'Orléans et autres villes de l'Orléanais, chro-nique métrique relative à Jeanne d'Arc, par Martial de Paris, dit d'Auvergne (XVe siècle). *Orléans, H. Herluison,* 1866. In-12, pap. vergé de Hollande, mar. r. poli, fil., armoiries de J. d'Arc sur les plats, tr. dor.

225. Jeanne d'Arc, chronique rimée, par Christine de Pisan. XVe siècle. *Orléans, H. Herluison,* 1865. In-32, en feuilles, dans un étui en veau ant., fil.

> Tiré à 100 exemplaires. L'un des cinq sur *peau de vélin*.

226. L'Amazone françoise, poëme *nouveau*, contenant l'Histoire de Jeanne d'Arc, surnommée la Pucelle d'Or-léans. Revû et corrigé sur l'imprimé à Orléans, par le père Neon (Lejeune). *A Rouen, chez Ph. Pierre Cabut,* 1729. In-8 de 47 pages, portrait de Jeanne d'Arc, dem.-rel.

227. La Pucelle d'Orléans, poëme en vingt et un chants, suivi de Corisandre, par Voltaire. *Paris, Nepveu,* 1824. In-32, v. antique, fil., fig., papier de Hollande. (*Hering.*)

Un avis du libraire Nepveu, imprimé au verso du faux titre, indique que cette édition n'a été tirée qu'à vingt-six exemplaires. Elle contient les charmantes figures de Duplessis-Bertaux tirées sur papier de Chine.

228. Chanson historique de Jeanne d'Arc, Pucelle d'Orléans, et de ses hauts faits, sous le règne de Charles VII, roi de France. *Orléans, H. Herluison,* 1862. In-64, rel. chag. rouge, tr. dorée, avec un portrait de Jeanne d'Arc.

Tiré à 35 exemplaires.

229. Jeanne d'Arc, récit historique et critique de sa mission, présenté sous forme dramatique, en sept journées et en vers libres. *Paris, imp. de Wittersheim,* 1861. Gr. in-8, dem.-rel. maroq. rouge, tr. peig. Portrait de J. d'Arc ajouté.

Ouvrage imprimé à peu d'exemplaires pour quelques amis. Un autographe de l'auteur, M. David, ancien conseiller d'État, y est joint. Quoique publié sous le voile de l'anonyme, il divulgue son nom (page 4) à l'aide d'un vers de Boileau (6ᵉ satire).

Le *David* imprimé n'a point vu la lumière.

230. Jeanne d'Arc, drame historique en dix tableaux, par Louis Jouve et Henri Cozic. *Paris, Dentu,* 1857. In-12, dem.-rel. chag.

231. Illustrations du poëme de Guillemin, intitulé Jeanne d'Arc. 12 planches gravées sur bois, premières épreuves à toutes marges, plus un frontispice. In-8, pap. vél.

HISTOIRE LITTÉRAIRE ET BIBLIOGRAPHIQUE.

232. Lettre d'un Conseiller de Blois, Melchior Duplex (anagramme de Michel Perdoulx de la Perrière), à un chanoine de Chartres, sur la bibliothèque Chartraine (ou) le Traité des auteurs de l'ancien diocèse de Chartres, du R. P. Liron, bénédictin. *S. l.,* 1719. In-12 de 20 p., dem.-rel. maroq. bleu.

234. Catalogue des Opuscules littéraires de M. l'abbé Carré, ancien curé de Saint-Marc d'Orléans, ex-archi-

viste du district de la même ville, sur divers sujets d'histoire et d'ancienne discipline ecclésiastique. *Orléans, imp. de Jacob aîné. S. d. 27 p. in-8.*

235. De l'Etat réel de la Presse et des pamphlets depuis François Ier jusqu'à Louis XIV, ou Revue anecdotique et critique des principaux actes de nos rois, et de quelques documents curieux et peu connus sur la publication et la vente des livres dans le XVIe siècle, par M. C. Leber. *Paris, Techener,* 1834. In-8, dem.-rel. v. fauve.

> Envoi et deux notes autographes de l'auteur à M. de Vassal, archiviste du Loiret.

236. Plaisantes Recherches d'un homme grave sur un farceur. Prologue Tabarinique, pour servir à l'Histoire littéraire et bouffonne de Tabarin, par M. C. L. (C. Leber). *Paris, de l'imprimerie de Crapelet,* 1835. Pet. in-8, dem.-rel. v. bl., n. rog.

> Exemplaire de la première édition, tirée seulement à 35 exemplaires numérotés. Il porte un envoi autographe de M. Leber à M. Taillandier.

237. Catalogue des Livres imprimés, manuscrits, estampes, dessins et cartes à jouer composant la bibliothèque de M. C. Leber, avec des notes par le collecteur. *Paris, Techener,* 1839, 3 vol. Supplément. *Paris, Jannet,* 1852. 1 vol. Ens. 4 vol. in-8, gr. pap. vélin, fig., broch., n. coup.

> Outre les planches qui décorent cet ouvrage, on a ajouté 8 lithogr. peintes provenant de du Dusommerard, les Arts au moyen âge, qui reproduisent les miniatures d'un manuscrit de la collection Leber.

238. Testament littéraire de M. C. Leber, suivi d'une description sommaire des livres et objets d'art les plus remarquables de son cabinet. *Orléans, H. Herluison,* 1860. In-8, dem.-rel. v. fauve.

> Exemplaire sur papier de Chine.

239. Société archéologique de l'Orléanais. Bibliographie Orléanaise. *Orléans, imp. de G. Jacob.* 16 p. in-8.

> Cet extrait du bulletin n° 34 de la Société archéologique de l'Orléanais contient la proposition d'une Bibliographie orléanaise, faite dans la séance du 11 novembre 1859 par l'un de ses membres, M. l'abbé V. Pelletier, chanoine de l'Église d'Orléans.

240. Plan d'une bibliothèque Orléanaise, ou Essai de bibliographie locale, par H. Herluison. *Orléans, H. Herluison,* 1868. In-8, pap. vergé, broch.

241. Dictionnaire des Ouvrages anonymes et pseudonymes Orléanais, manuscrit moderne. In.-8, n. rel.

Catalogues.

242. Recueil factice d'EX LIBRIS orléanais, pour servir à l'histoire des collections publiques ou privées d'Orléans, pièces remontées sur papier, format in-4, dans un carton.

243. Catalogus librorum qui Aureliæ in bibliotheca inclytæ nationis germanicæ exstant. Secundum seriem literarum alphabeti digestus. Cura et opera Gisberti Edingh, Groningani I. V. D. et I. N. G. p. t. procuratoris. *Aureliæ, apud Nicolaum Verjon, bibliopolam et bedellum* I. N. G. anno 1678. In-8 de 176 p. et 6 ff. lim., rel. en vélin. (A la fin :) *Ex typographia Petri Rouzeau, regis ac urbi typographi.*

> Exemplaire de François Rouzeau, portant sur le titre cette mention manuscrite : Ex libris Francisci Rouzeau, typogr.

244. Catalogue des livres de la bibliothèque publique fondée par M. Prousteau, professeur en droit dans l'université d'Orléans, composée en partie des livres et manuscrits de Henri de Valois, et déposée chez les RR. PP. bénédictins, dans leur monastère de Bonne-Nouvelle de la même ville (par dom Louis Fabre, bénédictin), nouvelle édition, avec des notes historiques et bibliographiques (par le même). *Orléans, Jacques-Philippe Jacob,* 1777. In-4, dem.-rel. veau marb.

> Avec des notes mss. d'Archambault, lieutenant vétéran du guet d'Orléans.

245. Manuscrits de la bibliothèque d'Orléans, ou Notices sur leur ancienneté, leurs auteurs, les objets qu'on y a traités, le caractère de leur écriture, l'indication de ceux à qui ils ont appartenu, etc., précédées de notes historiques sur les anciennes bibliothèques d'Orléans, et en

particulier sur celle de la ville, par A. Septier, bibliothécaire d'Orléans, chanoine de la cathédrale. *Orléans,
imp. de Rouzeau-Montaut,* 1820. In-8, dem.-rel. v. fauve.

246. Bibliotheca Barreana, sive Catalogus librorum bibliothecæ eruditissimi viri D. D. Stephani Barré, doctoris
et socii Sorbonici, ecclesiæ Aurelianensis decani et canonici, nec non eminentissimi cardinalis de Coislin, episcopi Aurelianensis, vicarii generalis et officialis. *Aurelianis
ex typographia Petri Rouzeau, regis ac urbis typographi,* 1704.
In-8 de 6 ff. lim. et 180 p., v. jasp.

247. Catalogue des livres légués à la bib. d'Orléans en
1740, par René Le Jay de Massuere, clerc tonsuré du
diocèse d'Orléans, mort à Paris, dans la communauté
des prêtres de la paroisse Saint-Jacques-du-Haut-Pas.
— De ceux légués en 1743, par Antoine Vaslin, sieur des
Bréaux, trésorier de France au bureau des finances de la
généralité de Bourges. — Supplementum bibliothecæ
Prustellianæ, sive Catalogus librorum qui ad hanc bi-
bliothecam accessere ab anno 1721. *Aureliæ, typis Francisci
Rouzeau, via Sanctæ Catharinæ,* 1747. In-4 de 104 p., v. m.

248. Catalogue des livres de la bibliothèque de feu monseigneur Jean François Paul Le Febvre de Caumartin,
eveque de Blois, etc., dont la vente se fera en detail le
lundy 10 janvier 1735 et jours suivants, à 2 heures de
relevée, au couvent des grands Augustins. *Paris, J. Guerin et J. Barrois,* 1734. 647 p. — Catalogus librorum qui
extant in bibliotheca illustrissimi ecclesiæ principis
D. de Caumartin, episcopi blesensis. *Blesis, ex officina, P.
J. Masson,* 1734. 62 p. en 1 vol., pet. in-8, v. jasp.

249. Catalogue des livres de feu M. Claude Deshais Gen-
dron, docteur en médecine de l'université de Montpel-
lier, médecin de Monsieur, frère de Louis XIV. *Paris,
Jacques Barrois,* 1751. In-8 de VIII et 72 p., cart. n. rog.
(1134 nos *avec les prix.*)

250. Catalogue des livres de feu monsieur maître Robert
Joseph Pothier, doyen de messieurs les conseillers du
roi, juges-magistrats aux bailliage et siége presidial
d'Orléans, docteur regent et professeur en droit françois en l'université de ladite ville. *A Orléans, de l'imprimerie de Charles Jacob,* 1772. 39 p. in-4, portrait, d.-rel. v.
vert.

251. Catalogus librorum D. Danielis Jousse, regi a consiliis in præsidiali aurelianensium curia. *Aureliæ, apud Jacobum-Philippum Jacob*, 1779. Pet. in-8 de 224 p., broch., n. rog.

252. Catalogue des livres de la bibliothèque de feu Mre Louis-Daniel Arnault de Nobleville, docteur en médecine à Orléans, rue de Recouvrance. *A Orléans, de l'imprimerie de Jacques-Philippe Jacob* (1780). Pet. in-8 de 108 p., br., n. rog. (1014 n^{os}.)

253. Catalogue des livres qui composent la bibliothèque de feu M. Dounant-de-Grand-Champ, dont la vente se fera le lundi 11 juin (vers 1780) et jours suivants. On vendra également des estampes encadrées. *S. l. n. d.* 10 p. in-8, broch.

254. Catalogue des livres des bibliothèques de messieurs Massuau, dont la vente se fera le jeudi 14 mars 1782, deux heures précises de relevée, sans interruption, où les enchères seront reçues, en la maison, dans laquelle ils sont décédés, rue Sainte-Anne, à Orléans. *A Orléans, chez Jacques-Philippe Jacob*, 1782. In-8 de 70 p., broch., non rog. (1156 n^{os}.)

255. Catalogue des livres de la bibliothèque de M. Deloynes. *A Orléans, de l'imprimerie de J. P. Jacob, rue Bourgogne, vis-à-vis la Commanderie. S. d.* (vers 1782). In-8, broch., n. rog. (961 *numéros*.)

256. Catalogue des livres de la bibliothèque de feu M. Carraud, prêtre, chanoine et grand chantre de l'église d'Orléans, dont la vente se fera le 3 septembre prochain (1788), en bloc et à l'amiable, à deux heures après midi, en sa maison, cloître Saint-Pierre-en-Pont. *A Orléans, de l'imprimerie de Jacob l'aîné, libraire-imprimeur du Châtelet grand bailliage*, 1788. In-8 de 130 p. et 2 ff. limin., br., n. rog. (1861 n^{os}.)

> Exemplaire de Lenormand du Coudray, portant sa signature et à la fin une note ainsi conçue : « La présente bibliothèque a été adjugée en totalité, le mercredy 3 septembre 1788, au sieur Jacob l'aîné, libraire et imprimeur à Orléans, pour le prix et somme de 6,340 livres. »

257. Catalogue des livres de la bibliothèque du citoyen C. J. B. H.-F. (Huet de Froberville). *A Orléans, de l'imprimerie de Rouzeau Montaut, imprimeur-libraire, rue Egalité.*

n° 11. *S. d.* (1793). In-8 de 192 p., dem.-rel. v., n. rog. (1478 *n*°ˢ.)

258. Notice d'une collection de livres choisis provenant du cabinet de M*** (l'abbé Ducreux, chanoine d'Orléans), dont la vente se fera au plus offrant et dernier enchérisseur, le lundi 8 mars 1790 et jours suivants, chez le sieur Jacob l'aîné, libraire, rue de l'Ecrivinerie. *S. l. n. d.* 24 p. in-8 (454 *n*°ˢ), broch.

259. Catalogue des livres de la bibliothèque de feu le citoyen Petit, de Blois, dont la vente se fera rue des Bons-Enfans, n°ˢ 19 et 36, le 11 germinal an X, et jours suivants. (*Paris*), *chez Mauger, germinal an X*, 1802. In-8 de 145 p., broch., n. rog. (1599 *n*°ˢ,)

260. Catalogue des livres et documents historiques, manuscrits et imprimés, autographes, etc., faisant partie de la bibliothèque de M. de Courcelles, ancien magistrat, auteur de l'Histoire généalogique des pairs de France, dont la vente se fera le 21 mai 1834, et jours suivants. *Paris, Leblanc*, 1834. In-8 de VIII et 108 p., broch.

261. Catalogue des livres de la bibliothèque de M. Mirabeau l'aîné, député et ex-président de l'Assemblée nationale constituante, dont la vente se fera le 9 janvier 1792. *Paris, Rozet*, 1791. In-8, dem.-rel. bas., n. rog.

262. Catalogue des ventes de livres faites à Orléans, provenant de MM. Michel Grilleau (1826), l'abbé de Rochas (1829), Chalmel de Tours (1833), Crignon-Bellevue (1850), du Chateau de la Touanne (1850), Demadières-Miron (1857), Jallon (1858) et autres, la plupart par M. Nozeran, libraire, 11 brochures. In-8.

263. Catalogue des livres vendus aux enchères publiques à Orléans, provenant des bibliothèques Grenalgh (1858), Dupleix (1858), Colas de la Noue (1860), Leber (1860), Pichon-Dugravier (1862), docteur Mouroux (1862), B. de C. (1862), diverses bibliothèques (1663), B. du P. [Barbot du Plessis] (1863), Paquot (1864), l'abbé M*** [Maréchal] (1864), d'un château des environs d'Orléans (1864), M. A. B. de M. (1865), diverses bib. (1866), de M*** et G*** (1866), Dʳ L*** [Lhuillier] (1866), château de la Renardière (1866), M. P. [Poirson] (1867), de la P. de M. [de la Place de Montévray]

(1867), O. [Odigier] (1868, L' P* [Lemolt-Phalary] (1868), et autres, faites par M. Herluison, libraire. Broch. in-8, dans un cart.

264. Catalogue des livres anciens et modernes composant la bibliothèque de feu M. Mallet de Chilly. La vente aura lieu le lundi 19 mai 1862 et les huit jours suivants, à sept heures précises du soir, en son hôtel, rue Bretonnerie, 15, à Orléans. *Orléans, H. Herluison, libraire-expert*, 1862. In-8 de VII et 144 p., pap. vergé, broch., n. rog. (1076 *n*os.)

265. Le Bibliophile orléanais, recueil littéraire et bibliographique consacré à l'histoire de la province, publié, avec le concours de bibliophiles et de littérateurs, par H. Herluison. *Orléans, H. Herluison*, 1860-66. Tome Ier, in-8, papier vergé, tiré à 13 exemplaires, br., n. rog.

265 *bis*. Catalogues officinaux des libraires d'Orléans, et prospectus d'ouvrages orléanais, dans un carton. In-8.

DEUXIÈME PARTIE

AUTEURS ORLÉANAIS

THÉOLOGIENS.

266. Beati Servati Lupi presbyteri et abbatis Ferrariensis, ordinis Sancti Benedicti opera. Stephanus Baluzius, in unum collegit notisque illustravit. *Parisiis, apud F. Muguet,* 1664, in-8, cart., NON ROGNÉ.

267. Limage de vertu demonstrant la perfection et saincte vie de la bienheuree vierge marie mere de Dieu, par les escriptures, tant de l'ancien que du nouveau testament. Autheur F. P. Doré, docteur en theologie, de l'ordre des F. prescheurs. (*A la fin :*) Cy finist ce present livre, intitulé Limage de vertu, faict a l'honneur de Dieu et de la tres sacre vierge marie mere de Dieu a linstance dune devote dame par F. P. Dore, de lordre des F. prescheurs, docteur en theologie, regent au couvent de Paris, 1540. Fort vol. in-8, réglé, v. fauve, fil., tr. dor. et cisel. Le privilége porte le nom des libraires Jerome de Gourmont et Jean de Brully.

    Livre très-rare. Exemplaire offert par l'auteur. Il est dans sa curieuse reliure du XVIᵉ siècle. La couverture porte un cartouche au centre duquel se voient deux anges liés et agenouillés. Ils sont conduits à l'aide d'un cordon par l'Enfant Jésus tenant le globe du monde avec ces mots : *les anges liés*. Cette marque, qui appartient à C. L'Angelier, est reproduite sur les 2 plats. Celui du dessus porte en outre, en caractères plus forts : POUR SEUR ANNE GAULTIER.

L'autre : JE LES VOUS DOUNE DE CUEUR ENTIER.
Cette légende est continuée sur la tranche, qui porte : ET
VOUS OCTROYE HUMILITÉ, CHASTETÉ, OBÉDIENCE.

268. Expositio præclara sacri hujus sermonis, *Verbum caro
factum est,* juxta trium evangelistarum et vetustiorum
doctorum sententiam, concionantibus per adventum
valde accommoda et per lectiones digesta. Authore Ste-
phano Paris Aurelianen. episcopo Abellonen. ex ordine
prædicatorum assumpto et doctore theologo parisiensi.
Parisiis, apud Claudium Fremy, 1554. Pet. in-8, d.-rel. v.
fauve, tr. p.

269. Recueil chronologique de diverses ordonnances et
autres actes, pièces et extraits concernant les mariages
clandestins. *Paris, Edme Martin,* 1660. — Gentiani Her-
veti Aurelii oratio ad concilium, qua suadetur, ne ma-
trimonia que contrahuntur a filiis familias sine con-
sentu eorum in quorum sunt potestate, habeantur dein-
ceps pro legitimis, ad Joannem Morvillerium, Aureliæ
episcopum. Nova edit. *Parisiis, e typographia Edmundi Martin,* 1660. Pet. In-8, v. m.

270. Joannis Baptistæ Soucheti D. T. nec non Carnoten-
sis ecclesiæ canonici veritatis defensio in F. Joannem
Frontonem, canonicum regularem. *Carnuti, ex officina
Symphor. Cottereau,* 1651. Pet. in-8, d.-rel.

271. Dionysii Petavii Aurelianensis e societate Jesu opus
de doctrina temporum : Auctius in hac nova editio cum
prefatione et dissertatione de LXX hebdomadibus
Joannis Harduini, S. I. P. *Antverpiæ, apud Georgium Gal-
let,* 1703. 3 parties en 1 vol., in-fol., port. de D. Petau,
d.-rel. v. v.

272. Dionysii Petavii Aurelianensis e societate Jesu de
lege et gratia libri duo. *Parisiis, Cramoisy,* 1648. In-4,
vél.

273. Le Petit Tout, ou la Connoissance de l'homme par
ses causes, en forme de dialogue entre Adolphe, théo-
logien, et Engiston, philosophe, divisé en trois parties,
dont la première contient la première cause de l'homme,
sçavoir l'Efficiente, qui n'est autre que Dieu ; ensemble
tout ce que Dieu a produit au dedans et au dehors de
soy jusques aux choses animées exclusivement. La seconde partie comprend la seconde et troisième cause de

l'homme, sçavoir la materielle et la formelle, son corps et son ame; ensemble les traitez des animaux, des plantes, des maladies et des remedes. La troisième partie contient la quatrième cause de l'homme, sçavoir la finale, qui est la beatitude eternelle et les moyens d'y arriver. Recueilli par François Chevillard, prestre d'Orléans. A *Orléans, chez François Boyer*, 1663-1664. Trois parties en 2 vol., in-4, formant ens. 2376 pp., rel. en parch.

274. Deux lettres de M. Des Mahis, cy devant ministre de la R. P. R. à Orleans. La première sur le schisme des protestans. La deuxième sur la presence reelle du corps de Jesus-Christ dans l'Eucharistie, avec l'entretien d'un catholique et d'un calviniste sur le sujet des reliques. A *Orléans, chez Jean Boyer, imprimeur du Roy et de S. A. R., au coin de la rue de l'Escrivinerie, près S. Croix*, 1685. In-12, v. br.

275. Dissertation sur la sainte larme de Vendôme, par M. J. B. Thiers, docteur en théologie et curé de Vibraye, avec la réponse à la lettre du P. Mabillon touchant la pretendue sainte larme, par le même auteur. *Amsterdam*, 1751. Pet. in-8, front. grav., maroq. r., fil., tr. dor. (*Anc. rel.*)

JURISCONSULTES.

276. De usuris libri duo Francisci Hotomani jurisconsulti. *Lugduni, apud Joannem Frellónium*, 1551. Pet. in-8, vél.

277. Annæi Roberti aurelii rerum judicatarum libri IIII ad illustriss. et ornatiss. Achillem Harlæum principem senatus Franciæ. Editio secunda. *Parisiis, Jametium Mattayer*, 1597. In-4, vél.

278. Oratio pontificalis ad jocundum Introitum Reverendiss. Episcopi Aurelian. ejusque in reis liberandis jus et facultatem, quæst. consultatoria, authore Petro Barberousse Aurel. j. c. et curiali advoc. *Aurel. ex typographiæ vidua Hotot*, 1632. In-12, parch.

279. Coustumes des duché, bailliage et prevosté d'Orléans, avec les notes de M. Henry Fornier, conseiller au présidial d'Orléans. *Orléans, François Rouzeau,* 1740. 2 in-12, v. b.

280. Nouveau Commentaire sur l'ordonnance criminelle du mois d'aout 1670, avec un abrégé de la justice criminelle, par M*** (Daniel Jousse), conseiller au présidial d'Orléans. *Paris, Debure,* 1763. In-12, v. b.

281. Œuvres de Pothier, conseiller au présidial d'Orléans. *Paris, Beaucé,* 1817-1820. 13 vol. in-8, v. rac.

282. Memoire pour les curés du diocèse de Chartres, sur la modicité de leurs bénéfices et sur l'insuffisance des portions congrues, par M. Janvier de Flainville, avocat au Parlement et au bailliage-présidial de Chartres. *Chartres, Fr. Le Tellier,* 1765. In-4.

283. Manuel du droit français par J. B. J. Pailliet, juge au tribunal civil d'Orléans, 8ᵉ édit. *Paris, Desoer,* 1832. In-4, d.-rel. v.

> Exemplaire contenant des notes manuscrites de la main de l'auteur.

284. Cours de droit administratif appliqué aux travaux publics, par M. Cotelle. *Paris,* 1835. 2 in-8, br.

284 *bis.* Lafontaine, conseiller à la Cour impériale d'Orléans. 8 brochures extraites de la Revue critique de législation, de 1857 à 1862, dans un carton.

> Des donations déguisées. — Dans quelles formes doivent être recueillis et constatés les aveux et les réponses résultant d'une comparution de parties. — D'une antinomie : Quiconque s'est obligé est tenu de remplir son engagement sur tous ses biens, etc. — D'une tendance de la jurisprudence dans l'application de la loi pénale. — Possession d'état de la filiation naturelle.— Du droit d'action du ministère public.

SAVANTS.

PHILOSOPHES ET MORALISTES.

285. Politique religieuse et philosophique, ou Constitu-

tion morale du gouvernement, par M. le baron Bigot de
Morogues. *Paris*, 1827. 4 vol. in-8, d.-rel.

Avec un envoi autographe de l'auteur.

286. L'immortalité, la mort et la vie, par F. Baguenault
de Puchesse. *Paris, Didier*, 1863. In-12, br.

287. Esprit de Nicole. Pet. in-8, veau fauve, fil., tr.
dorée.

Manuscrit du commencement du XVIII⁰ siècle. Il contient
600 pages.

288. Essais de morale, contenus en divers traitez sur plusieurs devoirs importans (par Nicole). *Paris, Guillaume
Desprez*, 1683-1693. 8 vol. in-12, réglés, v. fauv., tr. dor.

289. Question importante, et Nouvelle Question importante, par M. l'abbé Dubois, théologal de l'église d'Orléans. — Plan d'instruction publique, par le même.
Orléans, Guyot aîné et Darnault-Maurant, 1817-1822. 3 broch.
in-8.

290. L'Instruction obligatoire et le Rapport de M. Duruy,
par Henri Sergeant (un professeur). *Orléans, imp. d'Emile
Puget*, 1865. Br. in-8.

AUTEURS QUI ONT CULTIVÉ LES SCIENCES NATURELLES.

291. La Nature considérée dans plusieurs de ses opérations, ou Mémoires et observations sur diverses parties
de l'histoire naturelle, avec la minéralogie de l'Orléanois, par M. Defay. *Paris, Cuchet et Nyon (imp. de Couret de
Villeneuve)*, 1783. In-8, v. ant., fil.

292. Le Blason des pierres precieuses, contenant leurs
vertuz et proprietez, par Jehan de la Taille de Bondaroy,
à tres-illustre dame Marie de Cleves, princesse de Condé.
Paris, pour Lucas Breyer, 1574. In-4, front., armes et portrait de J. de la Taille gravés sur bois.

Bel exemplaire non relié.

293. Méthode éprouvée avec laquelle on peut parvenir,
facilement et sans maître, à connaître les plantes de
l'intérieur de la France et en particulier celles des en-

virons d'Orléans, par M. Dubois, théologal de l'église
d'Orléans. *Orléans, imp. de Darnault-Maurant,* 1833. In-8, br.

294. Catalogue systématique de quelques plantes nouvelles pour la flore orléanaise, par A. Jullien-Crosnier.
Angers, 1862. Br. in-8.

295. Du Fuchsia, observations générales sur les progrès
obtenus depuis 1844 par la voie du semis dans l'amélioration des variétés; résumé des modes de culture,
suivi d'un 3ᵉ supplément à la monographie, contenant
la description des variétés parues dans les années 1852,
1853 et 1854, par M. F. Porcher, président de la Cour
impérial d'Orléans. *Orléans, imp. de Pagnerre,* 1854. Br.,
gr. in-8.

296. Cours complet d'agriculture, ou Nouveau Dictionnaire théorique et pratique d'économie rurale et de
médecine vétérinaire, rédigé sur le plan de l'ancien
dictionnaire de l'abbé Rozier, par M. le baron de Morogues, pair de France, et autres. *Paris, Pourrat,* 1840.
17 t. en 18 vol., in-18, d.-rel., fig.

297. Manière de bien cultiver la vigne, de faire la ven-
dange et le vin dans le vignoble d'Orléans, utile à tous
les autres vignobles du royaume; où l'on donne les
moyens de prévenir et de découvrir les friponneries des
mauvais vignerons, 3ᵉ édit., par Jacques Boullay, prêtre,
bachelier en droit, chanoine d'Orléans. *Orléans, Jacques
Rouzeau,* 1723. Pet. in-8, bas. m.

> Le numéro du Bibliophile orléanais du 1ᵉʳ janvier 1863
> contient sur ce livre un article de M. l'abbé V. Pelletier. Ce
> numéro est joint à notre exemplaire.

298. Traité de la conservation des grains, et en particulier du froment, par Duhamel du Monceau. *Paris, Guérin
et Delatour,* 1753. In-12, fig., v. vert, fil., tr. m.

299. Œuvres du marquis de Villette. *A Londres (Montargis),*
1786. In-18, d.-rel. maroq. rouge, dor. en tête, n.
rogn.

> Nous insérons ce livre dans la classe des sciences parce
> que la partie matérielle seule nous intéresse. Son auteur,
> Léorier de Lisle, soumit à la fabrication des papiers toutes
> sortes de plantes, d'écorces, et les végétaux les plus communs,
> tels que l'ortie, le houblon, la mousse, le roseau, le con-
> ferva, le fusain, le coudrier, l'orme, le tilleul, l'osier, le mar-
> seau, le saule, le peuplier, le chêne, le bardane, le pas

d'âne, le chardon et la guimauve, sur laquelle est imprimé le présent exemplaire, qui contient en outre 19 échantillons dudit papier.

MÉDECINS ET CHIRURGIENS.

300. Les Œuvres de chirurgie de Jacques Guillemeau, chirurgien ordinaire du roy et juré à Paris, avec les portraits et figurés de toutes les parties du corps humain et instruments nécessaires au chirurgien, augmentées et mises en un, et enrichies de plusieurs traictez pris des leçons de M⁰ Germain Courtin, docteur en médecine. *Rouen*, 1649. In-fol., bas.

301. La Logicque chirurgicale, contenant la facilite et difficulte de l'intelligence tant de la medecine que de la chirurgie, par Jacques Bury, chirurgien natif de Chasteaudun. *Paris, A. Saugrain (imprimé par Jean Laquehay)*, 1613. Front. grav., vél.

302. Des Spécifiques en médecine, par M. Gastellier, docteur en médecine, avocat au parlement, médecin ordinaire de S. A. S. Mgr. le duc d'Orléans, maire de Montargis, médecin des hôpitaux et prisons de cette ville, etc. *Paris, chez Didot, imp. de Monsieur*, 1783. In-8, broch.

303. Des Maladies aiguës des femmes en couche, par René-Georges Gastellier, docteur-médecin, licencié en droit. *Paris*, 1812. In-8, broch.

304. Nosographie synoptique, ou Traité complet de médecine présenté sous forme de tableaux, par J. L. F. Dom. Latour. 1ʳᵉ livraison : Traité complet des fièvres. *Orléans, impr. Huet-Perdoux*, 1810. In-fol.

305. Histoire philosophique et médicale des causes essentielles, immédiates ou prochaines des hémorragies, par D. Latour. *Orléans, impr. de Guyot aîné*, 1815. 2 vol. in-8, d.-rel.

306. Nouvelle Méthode de traitement employée journellement à l'Hôtel-Dieu d'Orléans dans les fièvres continues, puerpérales, éruptives et les péripneumonies

qui présentent un caractère typhoïde, par M. H. F.
Ranque, professeur à l'École de médecine et de phar-
macie d'Orléans, etc. *Orléans, imp. de Danicourt*, 1843. Br.
in-8, pl. col.

MATHÉMATICIENS.

307. Traité d'optique, mechanique, dans lequel on donne
les règles et les proportions qu'il faut observer pour
faire toutes sortes de lunettes d'approche, microscopes
simples et composés, et autres ouvrages qui dépendent
de l'art, avec une instruction sur l'usage des lunettes ou
conserves pour toutes sortes de vues, par M. Thomin,
ingénieur en optique de la Société des arts. *Paris, J. B.
Coignard et Ant. Boudet*, 1749. In-8, planch., maroq. rouge,
fil., tr. dor. (*Anc. rel.*)

> Exemplaire du chancelier d'Aguesseau, auquel le livre est
> dédié. Il porte ses armoiries et les coquilles aux quatre coins
> des plats. Très-bel exemplaire.

308. La VISION PARFAITE, ou la Veue distincte par le
concours des deux axes en un seul point de l'objet, par
P. Chérubin d'Orléans, capucin. *Paris, E. Couterot*, 1681.
In-fol., maroq. rouge, fil. comp., tr. dor. (*Dusseuil.*)

> Superbe exemplaire avec envoi autographe de l'auteur à
> M. Charron de Menars, intendant d'Orléans, dont il porte
> les armes sur les plats. Les planches sont gravées d'après les
> dessins de l'auteur, et le frontispice, dû à G. Edelinck, re-
> présente Louis XIV vêtu de la toge romaine.

309. Effets de la force de la contiguïté des corps par les-
quels on répond aux expériences de la crainte du
Vuide, et à celle de la Pesanteur de l'Air, par le R. P.
Chérubin, d'Orléans, religieux capucin de la province
de Touraine. *Paris, Et. Ducastin*, 1689. In-12, fig., d.-
rel. v. fauve, doré en tête, n. rogn.

310. La Mécanique du feu, ou l'Art d'en augmenter les
effets et d'en diminuer la dépense. Première partie, contenant le traité de nouvelles cheminées qui chauffent
plus que les cheminées ordinaires et qui ne sont point
sujettes à fumer, etc., par M. G*** (Nicolas Gauger).
Paris, 1713. In-12, v. br.

311. Petit Traité de gnomonique, ou l'Art de tracer les
cadrans solaires, par M. Polonceaux, C. R., prieur-curé
de Lucé, près Chartres, avec figures gravées par l'auteur. *Paris. Lesclapart*, 1788. In-8, fig., bas. m.

ARTS ET MÉTIERS.

Imprimeurs et Libraires d'Orléans.

312. Recherches sur les Imprimeurs et Libraires d'Orléans, recueil de documents pour servir à l'histoire de la typographie et de la librairie orléanaise depuis le XIVe siècle jusqu'à nos jours, par H. Herluison. *Orléans, H. Herluison,* 1868. Gr. in-8, avec marques et fac-sim., dans un étui.

Tiré à 82 exemplaires numérotés. L'un des 4 sur peau de vélin.

312 A. GIBIER (Éloy). Voy. les nos 6, 82, 83, 84, 90, 91, 92, 93.

312 B. BOYNARD (Olivier). Voy. le no 17.

313. ROUZEAU (Les). Mémoire pour Pierre Rouzeau, libraire-imprimeur à Orléans, contre Louis Renouard, marchand bonnetier de la même ville. *A Orléans, de l'imprimerie de la veuve Rouzeau, s. d.* 4 p. in-4.

314. Memoires de fournitures faites par la Ve Rouzeau-Montaut, du 6 mai 1771 au 21 mars 1772, à MM. les maire et eschevins de la ville d'Orléans. In-fol.

Manuscrit de 3 pp. in-fol., signé Ducoudray (maire), Deloyne, de Gautray, Vaudebergue de Villebouré et veuve Rouzeau-Montaut. Voy. les nos 15, 32, 35, 36, 39, 41, 75, 87, 98, 109. 223, 243, 245, 246, 247, 257, 279, 297, 384, 451, 452.

315 A. NYON (Jean). Voy. le no 17.

316. HOTOT. Le Chant d'allegresse et de triomphe des habitans de Perpignan, heureusement reduits à l'obeissance du Roy, leur ancien, legitime et naturel seigneur et prince souverain, par le baron de Votilley. *A Orléans, de l'imprimerie de la vefve Gilles Hotot,* IMPRIMEUR ORDINAIRE DU ROY, 1642. Pet. in-8 de 8 p., cart.

Voy. aussi les nos 36, 81, 83, 84, 109, 204, 278.

317. BORDE (Les). Breviarium Aurelianense illustrissimi et reverendissimi in Christo patris ac domini D. Petri du Cambout de Coislin Aurelianensis episcopi autoritate recognitum et editum. Pars æstiva. *Aurelianis, apud Claudium Borde, reverendissimi D. Aurelianensis episcopi typographum et biblopolam, in claustros Crucis,* 1693. In-8, maroq. rouge, fil., comp. sur les plats, tr. dor. (*Dusseuil.*)

Superbe exemplaire, avec une riche reliure, aux armes de

Monseigneur du Cambout de Coislin. Voy. les nᵒˢ 61, 76, 447.

317 A. LES BOYER. Voy. les nᵒˢ 38, 41, 273.

318. PARIS (Maria). Les Ceremonies faites à Liege pour la pompe funebre de la Reyne mere (en aoust 1642), avec l'envoy de l'ambassadeur de la part du Roy, pour le convoy du corps de la Reyne mere à Sainct-Denis en France. *A Orléans, par Maria Paris, impr. et libraire, près Sainct-Liphard* (1642). Pet. in-8 de 8 p., cart.

Voy. les nᵒˢ 24, 25, 26, 65, 102.

319. JACOB (Les). De Imitatione Christi libri quatuor, juxta exemplaria Elzeviriana. *Aureliæ, typis C. A. J. Jacob natu maj.*, 1788. In-16, maroq. noir, dor. en tête, n. rog.

320. État des impressions faites et livrées à l'administration départementale du Loiret par Jacob l'aîné, pendant les mois de nivôse, pluviôse, ventôse, et jusqu'au 15 germinal, 4ᵉ année républicaine. 6 ff. gr. in-fol., signés Ducrot, Champagneux et Cheuveul, ministre de l'intérieur.

321. Opuscules d'Alexandre Jacob, imprimeur à Orléans, membre de la Société des belles-lettres, sciences et arts d'Orléans, et de la Société archéologique de l'Orléanais (avec une notice biographique par M. Gabriel Baguenault de Viéville). *Orléans, imp. de Georges Jacob*, 1860. Pet. in-8, pap. vergé, br.

> On a inséré en tête du volume un portrait de M. A. Jacob, dessiné à la mine de plomb. Voy. aussi les nᵒˢ 28, 29, 33, 40, 44, 47, 49, 51, 64, 68, 72, 73, 95, 98, 99, 100, 101, 104, 105, 106, 107, 108, 110, 111, 112, 113, 114, 126, 133, 142, 148, 167, 168, 186, 193, 205, 221, 234, 239, 244, 250, 251, 252, 254, 255, 256, 368, 370 à 378, 387, 392, 398, 399, 422, 427, 437, 443, 488.

322. FRÉMONT (Gabriel). Arrest de la Cour de parlement de Rouen contre Mathurin Picard et Thomas Boullé, deuement attains et convaincus des crimes de magie, sortilege, sacrileges, impietez et cas abominables commis contre la majesté divine, et autres mentionnez au Procez. *A Rouen, chez David du Petit-Val, et Jean Viret, et à Orléans (imprimé), chez Gabriel Fremont*, 1647. Pet. in-8.

322 A. VERJON (Nicolas). Voy. le nᵒ 243.

323. PADELOUP (Nicolas). Discours touchant les merveil-

leux effets de la pierre néphrytique, surnommée divine, qui sert à la guérison de la colique néphrytique, pierre, gravelle, retentions d'urines, par l'expulsion des flegmes et glaires qui composent ladite pierre dans le corps humain. Revû de nouveau et augmenté de plusieurs expériences. *A Orléans, de l'imp. de N. Padeloup,* 1713. In-12, d.-rel., dos et coins de mar. r., dor. en tête, n. rog.

324. COURET DE VILLENEUVE. Missale aurelianense illustrissimi ac reverend. in Christo patris Domini Ludovici-Gastonis Fleuriau D'Armenonville, episcopi aurelianensis, jussu et authoritate recens editum. *Aureliæ, apud Lud. Franc. Couret de Villeneuve,* 1732. In-fol., v. jasp.

325. Quinti Horatii Flacci poemata scholiis sive annotationibus instar commentarii illustrata a Joanne Bond, editio nova. *Aurelianis, typis Couret de Villeneuve,* 1767. In-12, v. porph., fil., tr. dor.

> Cette édition est ainsi appréciée par le savant auteur du *Manuel du libraire,* M. Brunet : « Édition assez jolie, copiée « sur celle d'Elzevier, 1676. Une personne qui a eu la pa- « tience d'en collationner le texte avec celui de cette der- « nière m'a fait remarquer que sur 73 fautes qu'elle a « aperçues dans l'édition elzévirienne, 59 ont été corrigées « par l'éditeur orléanais, lequel n'a laissé passer qu'une « seule faute qui ne fût pas dans son modèle. »

326. Phædri fabulæ. L. Annæi Senecæ ac Publii Syri sententiæ. *Aureliæ, sumpt. Couret de Villeneuve jun., bibliop.,* 1773. In-18, gr. pap., d.-rel. dos et coins de maroq. bl., dor. en tête, n. rog.

327. Mémoires des impressions faites pour les affaires de Sa Majesté, concernant les troupes et suivant les ordres de Mgr. l'intendant de la ville d'Orléans, donnés à Couret de Villeneuve, imprimeur ordinaire du roi, de l'année 1763 à 1792. 20 mémoires manuscrits sur pap. format in-fol., dans un carton.

> L'un est signé de M. Cypirre, intendant d'Orléans; un autre de P. L. Couret de Villeneuve.

328. Hortus Gandavensis. Description de toutes les plantes qui se cultivent dans le jardin botanique de l'École centrale du département de l'Escaut, à Gand, par L. P. Couret de Villeneuve (latin-français). *Paris,*

chez les frères Levrault, à Gand, chez l'auteur, an X. Pet. in-8, d.-rel.

> Il y a en tête de ce livre la liste des principaux ouvrages de L. P. Couret de Villeneuve. Voy. aussi les n⁵ 31, 44, 62, 123, 124, 125, 128, 129, 139, 155, 217, 291, 388, 402.

328 A. LANQUEMENT (Nicolas). Voy. n° 110.

328 B. LE GALL. Voy. n° 37.

329. CHEVILLON. Petites Étrennes dévotes à l'usage de Rome et de Paris. *Orléans, de l'impr. de Jacob l'aîné, se vend chez J. F. Chevillon, libraire, rue Royale, 1788.* In-32, d.-rel. maroq., n. rog.

330. BERTHEVIN. Abrégé du voyage de Mungo Park dans l'intérieur de l'Afrique, redigé à l'usage de la jeunesse, avec des notes et un dictionnaire explicatif et descriptif (par Aignan). *Orléans, Berthevin, 1800.* In-12, br., n. rog.

330 A. DARNAULT-MAURANT. Voy. n°ˢ 122, 215, 289, 293, 365, 366.

330 B. HUET-PERDOUX. Voy. n°ˢ 23, 304, 466, 467.

330 C. DANICOURT-HUET. Voy. n°ˢ 7, 121, 147, 170, 178, 306, 369.

330 D. PELISSON-NIEL. Voy. n°ˢ 21, 118,

331. S'ensuyt le testament de Tastevin, roy des pions. *Imprimé nouvellement le 14ᵉ jour du moys de may l'an 1829 par Pierre Guyot ainsné, imprimeur demeurant à Orléans,* et ledict livret imprimé seulement à trente-deux exemplaires, ascavoir 22 sur papier de Hollande et 10 sur papier de couleur. Pet. in-8 goth., d.-rel. mar. bleu.

> Exemplaire sur papier chamois. Voy. les n°ˢ 116, 169, 289, 305, 442.

332. HERLUISON. Étrennes et vacances, ou Morceaux d'histoire, de morale et de biographie (recueillis par P. M. Herluison). *Orléans, (E. P.) Herluison, 1840.* In-12, fig., d.-rel.

BEAUX-ARTS.

Biographie artistique.

333. Portraits d'artistes orléanais. 8 p. grav. et lith., in-4, in-8 et in-12.

> Bizenont-Prunelé, — J. Bardin, — F. Chéreau, grav. par Petit, — Girodet, — Lebrun (Benoist), — Sergent, — Ch. Simonneau, gravé par Dupuis, d'après Rigault, — Ant. Masson, d'après lui-même.

334. Artistes orléanais peintres, graveurs, sculpteurs, architectes. — Liste sous forme alphabétique des personnages nés, pour la plupart, dans la province de l'Orléanais, suivie de documents inédits par H. H. (H. Herluison). *Orléans, H. Herluison*, 1863. In-8, d.-rel. mar. bl., dor. en tête, n. rog.

> Tiré à 115 exemplaires. L'un des 10 tirés sur grand papier vélin, avec 4 portraits ajoutés.

335. Les Androuet du Cerceau et leur maison du Pré aux Clercs, par Adolphe Berty (1549-1645). *Paris, typog. de Ch. Meyrueis*, 1857. Br. in-8.

336. Les Pinaigrier, par M. Doublet de Boisthibault. *Paris, Leleux*, 1854. Br. gr. in-8, avec une gravure représentant le vitrail de Saint-Aignan, à Chartres.

337. Michel Bourdin, statuaire orléanais, par F. Dupuis. *Orléans, impr. de Jacob*, 1863. 4 p. in-8.

338. Notice sur Antoine Masson, graveur orléanais. Loury, 1636. Paris, 1700 (par J. Danton). Suivi du Catalogue de l'œuvre de Masson et d'un document inédit (par H. Herluison). *Orléans, H. Herluison*, 1866. In-8, d.-rel. mar. r., tr. dor.

> L'un des 10 exemplaires tirés sur papier vergé.

339. Biographie et Catalogue de l'œuvre du graveur Miger, membre de l'ancienne Académie royale de peinture et de sculpture; son portrait avec fac-simile de son écriture, réimpression de sa lettre à M. Vien, directeur de l'Académie de peinture, par M. E. Bellier de la Chavignerie. *Paris, Dumoulin*, 1856. In-8, br.

> Exemplaire auquel une lettre autographe de Philibert Miger, neveu du graveur, a été ajoutée à la page où ce personnage est mentionné.

340. Éloge historique de M. Girodet, lu à la séance publique de l'Académie royale des beaux-arts le samedi 1ᵉʳ octobre 1825, par M. Quatremère de Quincy, secrétaire perpetuel. *S. l. n. d.* In-4 de 35 p.

341. Girodet-Trioson, né à Montargis le 29 janvier 1767, mort à Paris, au mois de novembre 1824. *Orléans, impr. de Jacob*, 1825. Pet. in-12.

342. Notice nécrologique sur Girodet, peintre d'histoire, membre de l'Institut, officier de la Légion d'honneur,

chevalier de l'ordre de Saint-Michel, par P. A. Coupin. *Paris, impr. de Rignoux*, 1825. Br. in-8, avec un portrait lithog.

343. Notice sur Francis Blin (par J. Danton). *Orléans, H. Herluison*, 1866. Br. in-8, pap. vergé.

ŒUVRES DUES AUX ARTISTES, Y COMPRIS LEURS TRAVAUX SCIENTIFIQUES, LITTÉRAIRES OU HISTORIQUES.

344. **Graveurs orléanais, recueil factice de 35 pièces remontées sur pap. format gr. in-fol.**

> Mausolée, monument et pendeloque, par Androuet du Cerceau, 3 p. — Baudet, frontispice, 1 p. — Ravault, étude. — Chapron, loges de Raphaël, 2 p. — La Mort de Germanicus, le Père éternel visitant la Sainte Vierge, par G. Chasteau, 2 pp. — Pernot (A), abbé, et David tenant la tête de Goliath, par François et Jacques Chéreau, 2 p. — Ruines d'après Panini, et Nymphes d'après Boucher, par G. Huquier. — Guy Patin, par A. Masson. — Rigoley de Juvigny, par Miger, 1 p. — Moyreau, 4 p., d'après Vouvermans. — Simonneau (Les), 2 pp. in-fol., etc.

345. **Delaulne (Etienne), dit Stephanus. 22 sujets ovales en haut. en 1 vol. pet. in-8, mar. n. poli, fil.**

> Attributs des sciences et des arts représentés par des personnages. Les pièces sont très-belles d'épreuves et classées dans l'ordre suivant : Amicitia, Arithmétique, Astronomie, Dialectique, Divinitas, Géométrie, Gramatique, Jurisprudence, Justicia, Liberalitas, Magnanimitas, Magnificancia, Minerve, Musique, Physique, Prudencia, Rhétorique, Sapience, Sientia, Temperancia, Theologie, et enfin une dernière pièce à fond noir qui représente Apollon sur son char traîné par quatre chevaux.

346. **Le Jardin du Roy très-chrestien Loys XIII, roy de France et de Navarre, dedié à la Royne mere de Sa M. (Majesté), par Pierre Vallet, brodeur ordinaire du Roy, 1623. *Et se vendent au logis de l'auteur, à Paris, rue au Fourd*. In-fol., contenant 89 planch. et front. grav., d.-rel. mar. rouge.**

> On voit en tête un portrait de l'auteur, et à la suite une dédicace à la Royne; des sonnets et de « forts beaux secrets pour la vivacité des couleurs aux amateurs des plantes et de l'anluminure ».

347. Les Peintures de Jean Mosnier de Blois, au château de Cheverny, par A. de Montaiglon. *Paris, Dumoulin, mars* 1850. Br. in-8.

348. Documents sur les travaux exécutés à N.-D. de Chartres et dans d'autres églises du pays Chartrain, pendant le XVIᵉ siècle, communiqués et annotés par MM. Lucien Merlet, archiviste du département d'Eure-et-Loir, et E. Bellier de la Chavignerie. *Paris, Dumoulin,* 1856. Br. in-8.

> Ces documents mentionnent une suite d'artistes qui appartiennent à l'Orléanais.

349. La Perspective spéculative et pratique, où sont demontrez les fondemens de cet art, et de tout ce qui a esté enseigné jusqu'à present ; ensemble la maniere universelle de pratiquer, non seulement sans plan geometral et sans tiers poinct, dedans ni dehors le champ du tableau, mais encore par le moyen de la ligne communément appelée horisontale de l'invention du feu sieur Aleaume, ingenieur du Roy, mise au jour par Estienne Migon, professeur és mathematiques. *Paris, Melchior Tavernier et François Langlois, dict Chartres,* 1643. Pet. in-fol., gr. pap., fig., v. f., fil.

350. Les Premiers élémens de la peinture pratique, enrichis de figures de proportions mesurées sur l'antique, dessinées et gravées par J. B. Corneille, peintre de l'Academie royale. *A Paris, chez Nicolas Langlois,* 1684. In-12, v. jasp.

351. Le Triomphe de la religion sous Louis le Grand, représenté par des inscriptions et des devises, avec une explication en vers latins et françois (par le P. Le Jay, de la Compagnie de Jésus). *Paris, Gabriel Martin,* 1687. Pet. in-8, mar. r., dent., tr. dor. (*Anc. rel.*)

> Les gravures de ce livre ont été faites sur les dessins de Jean-Baptiste Corneille, fils et élève de Michel Corneille, peintre et graveur orléanais.

352. La Vie de N.-S. Jésus-Christ, inventée et dessinée par Gillot, peintre de l'Académie royale de peinture et de sculpture. *Paris, s. d.* Pet. in-fol., rel. en parch.

> Ce volume est composé de cinquante-huit figures gravées à l'eau-forte par Gabriel Huquier.

353. Les Amours des Dieux, recueil de 15 compositions

dessinées par Girodet. Calques sur papier dioptique remontés sur papier format in-fol.

354. Petit Abrégé des principes de musique par demandes et par réponses, qui peuvent être enseignez par les pères et mères, précepteurs, maîtres d'école et même par des domestiques, aux enfants les plus jeunes, par M. Moyreau, organiste de la cathédrale d'Orléans. *Paris, de l'impr. de Chr.-Jean-François Ballard, seul impr. du roi pour la musique,* 1753. In-12 front. et musique gravés, d.-rel. v. f., tr. peign.
> Exemplaire portant la signature de l'auteur.

355. Des Principes de l'architecture, de la sculpture, de la peinture et des autres arts qui en dépendent, avec un dictionnaire des termes propres à chacun de ces arts, par M. Felibien, historiographe des bastiments du roi. *Paris, Coignard,* 1699. In-4, fig., v. b.

356. Les Plans et les descriptions de deux des plus belles maisons de campagne de Pline le consul, avec des remarques sur tous ses bâtiments, et une dissertation touchant l'architecture antique et gothique, par M. Felibien des Avaux, historiographe du roi, de ses bâtiments, arts et manufactures de France, et garde des antiques. *Paris, Florentin et Pierre Delaulne,* 1699. In-12, 5 pl. gravées, v. j.

357. Recueil historique de la vie et des ouvrages des plus célèbres architectes, par M. Felibien, historiographe du roi et garde des antiques de Sa Majesté. *Amsterdam, Estienne Roger,* 1706. — Conférences de l'Académie royale de peinture et de sculpture, par le même. *Amsterdam,* 1706. — En 1 vol. in-12, v. m.

358. Entretiens sur les vies et les ouvrages des plus excellents peintres anciens et modernes, avec la vie des architectes, par M. Felibien, nouv. édit. *Trevoux, de l'impr. de S. A. S.,* 1725. 6 vol. in-12, v. j.

359. Histoire des arts qui ont rapport au dessin, divisée en trois livres, où il est traité de son origine, de son progrès, de sa chute et de son rétablissement; ouvrage utile au public pour savoir ce qui s'est fait de plus considérable en tous les âges dans la peinture, la sculpture, l'architecture et la gravure, et pour distinguer les bonnes manières des mauvaises, par P. Monier, peintre du roi et professeur en son Académie royale de pein-

ture et sculpture. *Paris, Pierre Giffart,* 1698. In-12, front. gravé, v. éc., fil., tr. dor.

360. Abrégé de la vie des peintres, avec des réflexions sur leurs ouvrages et un traité du peintre parfait, de la connaissance des dessins et de l'utilité des estampes (par Rogers de Piles). *Paris, Nicolas Langlois,* 1699. In-12, front. gravé par Ch. Simonneau, v. f.

361. Cours de peinture par principes, par M. de Piles, de l'Académie royale de peinture et sculpture. *Amsterdam et Paris,* 1747. In-12, front. gravé, v. jaspé, fil.

362. Dictionnaire néologique, ou Introduction à la connaissance des peintures, sculptures, médailles, estampes, etc., avec des descriptions tirées des poëtes anciens et modernes, par M. D. P. (de Piles). *Paris, Th. de Hansy,* 1756. In-12, v. m.

363. Lettres sur l'exposition des tableaux du Louvre, avec des notes historiques (par Gabriel Huquier). *S. l. (Paris),* 1753. In-12, cart.

364. Œuvres posthumes de Girodet-Trioson, peintre d'histoire, suivies de sa correspondance, précédées d'une notice historique, et mises en ordre par P. A. Coupin. *Paris, Jules Renouard,* 1829. 2 vol. in-8, pap. vél., fig., v. fauve plein, fil. sur les plats, tr. dor.

Très-bel exemplaire avec les figures sur papier de Chine.

CATALOGUES OU LIVRETS D'EXPOSITIONS, SALONS, COLLECTIONS PUBLIQUES ET PARTICULIÈRES.

365. Explication des tableaux, dessins, sculptures et antiquités exposés au Musée d'Orléans, ouvert pour la première fois le 4 novembre 1825, jour de la Saint-Charles, fête du roi. *Orléans, impr. de Darnault-Maurant,* 1826. 70 p. — Supplément au livret explicatif. *Octobre* 1826. 41 p. Ens. 2 br. in-12.

366. Le même, nouvelle édition, revue et augmentée. *Orléans, impr. Darnault-Maurant,* 1828. 213 p. in-12, br.

367. Explication des ouvrages de peinture des artistes vivants exposés au musée de la ville d'Orléans le 1er juin 1835. 16 p. pet. in-8.

368. Explication, etc., exposés le 1er juin 1836. *Orléans, impr. d'Alex. Jacob*, 1836. Pet. in-8 de 19 p.

369. Explication, etc..., le 1er juin 1837. *Orléans, impr. de Danicourt-Huet*, 1837. In-12 de 24 p.

370. Explication, etc..., le 6 juin 1839. *Orléans, impr. d'Alex. Jacob*, 1839. Pet. in-8 de 24 p.

371. Explication, etc..., le 10 juin 1842. *Orléans, impr. d'Alex. Jacob*, 1842, 27 p., pet. in-8.

372. Explication, etc..., le 8 juin 1844. *Orléans, impr. d'Alex. Jacob*, 1844. 26 p. in-12.

373. Explication, etc..., le 7 juin 1846. *Orléans, impr. d'Alex. Jacob*, 1846. 27 p. in-12.

374. Exposition de peinture et d'objets d'art, septembre 1851. *Orléans, impr. d'Alex. Jacob*, 1851. Pet. in-8 de 85 p. avec 3 pl.

375. Exposition de peinture et d'objets d'art, à l'occasion de l'inauguration de la statue équestre de Jeanne d'Arc, 8 mai 1855. *Orléans, impr. d'Alex. Jacob*, 1855. 66 p. in-12. — Croquis des salles de l'exposition de peinture et d'objets d'art, faisant suite au catalogue. 7 planch. dans un carton, in-12.

376. Notice des collections composant le musée historique de l'Orléanais. *Orléans, impr. d'Alex. Jacob*, 1856. Pet. in-8 de 60 p.

377. Notice sur les tableaux, dessins, sculptures, etc., composant l'exposition des beaux-arts à Orléans, à l'occasion des fêtes des 7 et 8 mai 1859, faite dans les salons l'ancienne *mess* des officiers du 3e régiment de la garde impériale, près la halle aux blés. *Orléans, impr. d'Alex. Jacob*, 1859. 25 p. pet. in-8.

378. Musée d'Orléans, explication des tableaux, dessins, sculptures, antiquités et curiosités qui y sont exposés. *Orléans, impr. d'Alex. Jacob*, 1851. Pet. in-8 de 164 p., et un suppl. de 15 p.

379. Société des Amis des arts d'Orléans, beaux-arts et arts appliqués à l'industrie. 1re exposition du 10 juin au 10 juillet 1866. Notice sur les œuvres exposées dans le Petit Collége, rue Jeanne-d'Arc, 10. *Orléans, impr. E. Chenu*, 1866. In-12 de 53 p.

380. Société des Amis des arts d'Orléans. Loterie au profit des inondés du département du Loiret, organisée sous le patronage de l'administration municipale. Notice sur les lots exposés dans les salons de l'hôtel de ville. *Orléans, impr. E. Puget*, 1867. In-8 de 16 pp. (276 n^{os}).

381. Société des Amis des arts d'Orléans, beaux-arts et arts appliqués à l'industrie. 3e exposition, du 6 mai au 15 juin 1868. Notice sur les œuvres exposées dans l'hôtel de la mairie. *Orléans, impr. E. Chenu.* Br. in-8 de 70 p., pap. vergé, n. rog.

382. La même, 2e édition augmentée. Grand in-8 de 103 pages, tiré à 15 exemplaires, broch.

383. Catalogue de tableaux à l'huile, à gouasse et au pastel; peintures de la Chine, enluminures; dessins précieux et estampes choisies, montées, non montées et en recueils; boëtes de la Chine, couleur, pierre d'Italie; differens ustensiles servant à la peinture, objets curieux et livres de feu M. Huquier, graveur, dont la vente se fera le 9 novembre 1772 et jours suivans de relevée, rue des Mathurins, vis à vis l'hôtel de Clugny, par F. C. Joullain fils. *Paris, impr. de Prault*, 1772. Pet. in-8, d.-rel. v. f., n. rog.

384. Belle collection de tableaux originaux des plus grands maîtres des différentes écoles; dessins, gouaches et gravures sous verre; figures en bronze, terres-cuites; meubles de marqueterie par Boulle; vieux laques, porcelaines anciennes et autres objets précieux, composant le cabinet de feu le conseiller Haudry. A vendre, s'adresser à Orléans, place de la Réunion, n° 4. *Orléans, de l'impr. de Rouzeau-Montaut*, s. d. In-8 de 40 p., br., n. rog.

385. Musées de province. — Galerie des Oisème (près Chartres). *Chartres, impr. de Garnier*, 1861. Pet. in-8 de 32 p.

> Cet opuscule contient une description succincte de la riche collection de M. Eudoxe Marcille; elle est signée X, et n'a été tirée qu'à 30 exemplaires.

386. Histoire de l'art. Des estampes et de leur étude depuis l'origine de la gravure jusqu'à nos jours, par C. Leber. *Orléans, H. Herluison*, 1865. In-4, pap. vergé, d.-rel. mar. bl., n. rog.

> C'est le catalogue de la collection formée par M. Leber,

pour servir à l'histoire de la gravure. Cette collection a été acquise après sa mort par le musée d'Orléans.

Exemplaire sur papier vergé, auquel on a joint le manuscrit autographe de M. Leber, comprenant la première partie de son travail, 10 pages in-fol.

387. **Ecole gratuite de peinture, sculpture, architecture et autres arts dépendans du dessin, établie sous les auspices des autorités constituées dans la commune d'Orléans.** *Orléans, Jacob l'aîné, an II.* In-8 de 22 p.

Cette rare brochure contient : 1º un précis de 2 pages; 2º le règlement pour la Société fraternelle et républicaine des arts; 3º le tableau des membres de l'école et les noms des instituteurs.

388. **Règlement de l'Ecole académique de peinture, sculpture, architecture, et autres arts dépendans du dessin, établie à Orléans sous la protection de Son Altesse sérénissime monseigneur le duc d'Orléans.** *A Orléans, impr. de Couret de Villeneuve, 1787.* In-4.

Les pages 27 à 39 contiennent le discours prononcé à l'hôtel de ville le 23 novembre 1786, par M. H. de Longuève, pour l'ouverture de l'école académique, et le tableau des membres qui la composaient.

CALLIGRAPHES.

389. **Les Maîtres écrivains orléanais, étude d'histoire locale, par J. E. Houdas, instituteur à Olivet.** *Orléans, impr. E. Puget, 1863.* Br., in-8.

390. **Recueil de douze exemples d'écriture, dont dix sur papier, par Voyon le fils, écrivain juré d'Orléans (XVIIIᵉ siècle), et deux par Gillot Bonneville, l'un daté d'Orléans, 26 juin 1807, l'autre plus ancien sur peau de vélin.** In-fol., broch.

Les dix feuilles de Voyon sont parafées par M. Le Normant du Coudray, 8 juillet 1764.

391. **L'Art d'écrire proprement, ou Développement raisonné des principes de l'écriture, d'après les tableaux géométriques et élémentaires dessinés par les meilleurs artistes, par S. L. Dinomé, ex-secrétaire général du département du Loiret, instituteur particulier d'un cours d'enseignement à Orléans.** *Orléans, Jacob l'aîné, an III.* In-8, br.

BELLES-LETTRES.

LINGUISTES, PHILOLOGUES, TRADUCTEURS.

392. Simeonis de Muis, aurelianensis archidiaconi suessionensis et sacrarum hebræarumque litterarum apud Parisios in regio Franciæ collegio lectoris ac professoris regii opera omnia, in duos tomos distributa. Quorum primus continet commentarium literalem et historicum in omnes psalmos Davidis et selecta veteris testamenti cantica. Alter vero varia sacra, variis è Rabbinis contexta complectitur. Quibus accedit triplex assertio veritatis Hebraicæ. Claudius d'Auvergne, Parisinus, sacrarum hebræarumque literarum apud Parisios lector ac professor regius, ad æternam sui præceptoris memoriam, omnia tam impressa quam nondum typis mandata, collegit atque in lucem edidit, cum indicibus necessariis. *Parisiis, apud Matharinum et Joannem Henault,* 1649-1650. 2 t. en 1 vol., in-fol., port. gravé par M. Lasne, rel. en vél. estampé.

393. KOΛOYΘΟΥ ΕΛΕΝΗΣ ΑΡΠΑΓΗ. L'Enlèvement d'Hélène, poëme de Colutus, revu sur les meilleures éditions critiques, traduit en français, accompagné d'une version latine entièrement neuve, de notes philologiques et critiques sur le texte, de trois index, de scholies inédites, de la collation complète et d'un fac-simile entier des deux manuscrits de la bibliothèque royale de Paris, par A. Stanislas Julien, et suivi de quatre versions en italien, en anglais, en espagnol et en allemand. *Paris, de Bure,* 1823. In-8, fig. gravée et fac-simile du mss. conservé à la Bibliothèque royale, d.-rel. mar. bl , dor. en tête, n. rog.

394. Examen critique du traité d'ortographe de M. l'abbé Regnier-Desmarais, secrétaire perpétuel de l'Académie françoise, avec les principes fondamentaux de l'art d'écrire par M. Du Pont, avocat au parlement, bailly du duché de Châtillon sur Loing. *Paris, Jacques Quillau,* 1713. In-12, mar. rouge, fil., tr. dor. (*Anc. rel.*)

395. Theodori Metochitæ in Aristotelis physicorum, sive naturalium auscultationum libros octo, et parva quæ vocantur naturalia, paraphrasis longè doctissima et quæ prolixi commentarii vicem explere queat. Nuper adeo à doctissimo viro D. Gentiano Herveto, Aurelio, e græca in latinam linguam conversa nunc primum in lucem edita. *Basileæ, per Nicolaum Bryling*, 1559. In-4, car. italiq., v. raç., fil.

396. Epitome du thrésor des antiquitez, c'est-à-dire Pourtraits des vrayes medailles des emppereurs tant d'Orient que d'Occident, de l'estude de Jaques de Strada, mantuan antiquaire, traduit par Jean Louveau d'Orléans. *A Lyon, par Jaques de Strada et Thomas Guerin*, 1553. In-4, fig., v. ant., fil., comp. (*Aux armes.*)

397. Quintillien. De l'institution de l'orateur, traduit par M. l'abbé Gedoyn, chanoine de la Sainte-Chapelle de Paris, de l'Académie royale des inscriptions et belles-lettres. *Paris, G. Dupuis*, 1718. In-4, v. b.

398. Traduction de l'Énéide de Virgile en vers français, suivie de notes littéraires et morales, par l'auteur de la traduction libre des odes d'Horace en vers lyriques (M. Deloynes d'Autroche). *Orléans, imp. de Jacob l'aîné*, 1804. 3 in-8, pap. vélin, cart., n. rog.

399. Psaumes de David, traduction nouvelle par M. Mallet de Chilly. *Orléans, impr. d'Alex. Jacob*, 1853. In-12, pap. vél., cart., n. rog.

    Tiré à 50 exemplaires, n° 12.

400. Le Cantique des cantiques de Salomon, et les Lamentations de Jérémie, traduction nouvelle par M. Mallet de Chilly. *Orléans, impr. d'Alex. Jacob*, 1854. Pet. in-8, pap. vél., tiré à 100 exempl., broch.

ORATEURS.

401. Oraison funèbre prononcée en l'Eglise cathedrale de S. Croix d'Orléans, aux obseques et derniers honneurs de tres-auguste, tres-victorieux et tres-chrestien Henry le Grand IIII, Roy de France et de Navarre, en

la presence de tres-reverend P. en Dieu messire Gabriel de l'Aubespine, evesque d'Orléans, par messire Charles de la Saussaye, docteur en théologie et aux droits, doyen et chanoine de ladicte eglise. *A Lyon, par Louis Perrin,* 1860. Pet. in-8, pap. vergé teinté, tiré à 100 exempl., d.-rel. mar. Lavall., d. en tête, n. rog.

402. Oraison funèbre de messire Jacques Alleaume, doyen et sous-doyen de la maison de Sorbonne, curé de Saint-Paul et le plus renommé prédicateur de l'église d'Orléans. Pet. in-8, d.-rel., veau f.

> Copie mss. moderne d'une oraison funèbre prononcée en mars 1675 par Gilles le Nain, chanoine de l'église d'Orléans. Cette copie a été faite sur le manuscrit original.

403. Oraison funébre de Louis-Philippe d'Orléans, prince du sang, prononcée au service que MM. les maire et echevins ont fait celebrer en l'église cathedrale, le 8 mars 1786, par M. Delafosse, chanoine de ladite église. *Orléans, impr. de Couret de Villeneuve,* 1786. In-8, gr. pap. vergé.

404. Chefs-d'œuvre oratoires de Mirabeau, où Choix des plus éloquents discours de cet orateur célèbre. *Paris,* 1822. 2 in-12, d.-rel.

POÈTES.

405. Etude sur le roman de la Rose, par P. Huot. *Orléans, impr. d'Alex. Jacob,* 1853. In-8.

406. Germain Audebert, le Virgile Orléanais, par M. Bagnenault de Viéville. *Orléans, impr. de Pagnerre,* 1860. Br. gr. in-8 de 30 p.

407. Li romans d'Alexandre, par Lambert li Tors et Alexandre de Bernay, publié par M. Michelant. *Stuttgard,* 1846. In-8.

408. Branche des royaux lignages, chronique métrique de Guillaume Guiart, publiée pour la première fois, d'après les manuscrits de la bibliothèque du roy, par J. A. Buchon. *Paris, Verdière,* 1828. 2 in-8, d.-rel., veau ant., n. rog.

409. Le Roman de la Rose, par Guillaume de Lorris et Jehan de Meung, nouv. édit. revue et corrigée sur les meilleurs et plus anciens manuscrits par M. Méon. *Paris, imp. de P. Didot l'aîné,* 1814. 4 vol., fig., cart., n. rog.

410. Poésies de Charles d'Orléans, publiées, avec l'autorisation de M. le ministre de l'instruction publique, d'après les manuscrits des bibliothèques du roi et de l'Arsenal, par J. Marie Guichard. *Paris, Charles Gosselin,* 1842. In-12, d.-veau gren., n. rog.

411. Choix de poésies de Ronsard, précédé de sa vie et accompagné de notes explicatives par A. Noël. *Paris, Didot,* 1862. 2 t. en 1 vol., in-12, d.-chag. gren., tr. j.

412. Les premières œuvres de Philippe Des Portes. Au Roy de France et de Pologne, reveües, corrigées et augmentées pour la quatrième impression. *A Paris, par Mamert Patisson, au logis de Robert Estienne.* 1577. In-12, réglé, mar. bl., fil., dent. int., tr. d'or.

413. Les CL Pseaumes de David mis en vers françois par Philippe Des Portes, abbé de Thiron. *Rouen, de l'imp. de Raphaël du Petit-Val,* 1611. In-12, front. de Léonard Gaultier, mar. noir, tr. dor.

414. Œuvres de Regnier, édit. Louis Lacour. *Paris, Académie des bibliophiles, imp. par D. Jouaust,* 1867. In-8, pap. vergé, br., n. rog.

415. Euvertii Jollyveti, Aurelianensis, fulmen in aquilam seu Gustavi Magni, serenissimi Suecorum, Gotthorum, Vandalorum regis, etc., bellum sueco-germanicum heroico-politicum, poëma. *Parisiis, M. Guillemot,* 1636. In-12, v. f., fil.

416. L'HERCULE GUÉPIN, poëme en l'honneur du vin d'Orléans, par Simon Rouzeau, édit. conforme à celle de 1605, accompagnée de notes et d'une notice biographique (par M. G. Baguenault de Viéville). *Orléans, H. Herluison,* 1860. Pet. in-8, dans un étui.

Exemplaire unique imprimé sur peau de vélin par le célèbre imprimeur Louis Perrin, de Lyon. L'édition n'a été tirée qu'à 100 exemplaires numérotés.

417. Les premières œuvres du sieur Pedoue, dédiées à Doris. *Ghartres, de l'imp. de Garnier*, 1866. Pet. in-8, broch.

> Charmante édition, imprimée à 321 exemplaires, en caractères antiques, avec fleurons, têtes de pages et culs-de-lampe.

418. Les Anagrammes des noms et surnoms des damoiselles et dames d'Orléans, par Emmanuel Trippault. *Orléans, H. Herluison*, 1867. Pet. in-8, dans un étui.

> L'un des 4 exemplaires tirés sur peau de vélin.

419. Poesies chrestiennes d'Ant. Godeau, evesque de Grasse. *Paris, v⁰ Jean Camusat*, 1646. In-12, front. gravé, vél. blanc, tr. dor.

420. Nouveau recueil de diverse (*sic*) poésies du chevallier d'Aceilly (Jacques de Cailly). *Paris, Michel Brunet*, 1671. In-12, mar. bleu, fil., tr. dor. (*Devise sur les plats.*)

421. Voyage de MM. Chapelle et Bachaumont (suivi des poésies du chevalier de Cailly). *La Haye*, 1742. In-12, v. gran., fil. (*Aux armes de Brancas-Mailly.*)

422. Diverses petites poésies du chevalier d'Aceilly (publ. par C. Nodier). *Paris, Delangle*, 1825. In-8, d.-rel., dos et coins mar. bl., dor. en tête, n. rog.

423. Cordier, Poésies latines (publ. par F. Dupuis). *Orléans, imp. d'Alex. Jacob*, 1853. Pet. in-8, d.-rel. mar. vert, dor. en tête, n. rog.

> Tiré à 158 exemplaires. N⁰ 8.

424. Le Temple de Gnide, mis en vers par M. Colardeau. *Paris, Le Jay.* — Lettre amoureuse d'Héloïse et Abailard, traduct. libre de M. Pope par M. Colardeau, *Paris, v⁰ Duchesne*, 1766. — En 1 vol. in-8, fig. et front. gravé, mar. rouge, fil., tr. dor. (*Anc. rel.*)

> Avec 8 figures des graveurs Helmann, Née, Baquoy, de Launay, Ponce, Masquelier.

425. Hymne au Soleil, suivi de plusieurs morceaux du même genre qui n'ont point encore paru, par M. l'abbé de Rayrac, censeur royal, correspondant de l'Académie royale des inscriptions et belles-lettres de Paris. 6⁰ édit. *Paris, de Bure*, 1782. In-8, veau ant., fil., tr. dor. (*Thouvenin.*)

426. Recueil des œuvres posthumes de M. Lormeau de la Croix, dédié à son père par son frère aîné. *Paris, de l'imp. de Monsieur,* 1787. Pet. in-8, d.-rel. maroq. rouge, n. rog.

> Exemplaire de Mérard de Saint-Just.

427. Poésies de Ludovic de Vauzelles. *Orléans, imp. d'Alex. Jacob,* 1853. Gr. in-8, pap. vél., br.

428. Couronnes académiques, par J. Lesguillon. *Paris, Arnauld de Vresse,* 1861. In-12, br.

429. Bluettes, poésies par A. Levain. *Montargis, imp. de Chrétien,* 1854. Pet. in-8, br.

430. Poésies, par A. Levain de Montargis. *Orléans,* 1859. In-12, br.

Poëtes dramatiques.

431. Notice sur la vie et les ouvrages de J. F. Collin d'Harleville, par Andrieux. *S. l. n. d.* In-8, br.

432. La Belle Alphrede, comédie de Rotrou. *Paris, A. de Sommaville et Toussaint Quinet,* 1639. In-4, jolie rel. v. f., fil, dent. int., tr. dor. (*Capé*)

> Édition originale.

433. Les Œuvres de M. Desmahis, 1re édit. complète, publiée d'après ses manuscrits avec son éloge historique par M. de Tresséol. *Paris, Humblot,* 1778. 2 t. en 1 vol., in-12, mar. rouge, fil. (*Anc. rel. aux armes de Louis XVI dauphin.*)

434. Œuvres de l'abbé d'Allainval (précédées d'une notice sur sa vie et de la liste des pièces de cet auteur). *Paris, au bureau de la Petite Bibliothèque des théâtres,* 1785. V. gran., fil., tr. dor.

> Deux pièces composent ce volume ; elles ont chacune une pagination séparée ; ce sont l'Embarras des richesses, 1785, et l'École des Bourgeois, 1787. A la suite se trouve l'Amant auteur et valet, par M. Cérou.

435. Œuvres choisies de Colardeau. Nouvelle édition,

ornée d'une gravure. *Paris, Jannet et Cotelle,* 1824. In-8, fig., v. ant., fil., tr. dor.

436. Théâtre de Collin d'Harleville. *Paris,* 1824. 4 vol. in-8.

437. Clarisse, ou la Vertu malheureuse, pièce tragi-comique en cinq actes, en vers (par Berthevin). *Orléans, Jacob (Gien, imp. de Bottel), an III.* In-8, gr. pap., br., n. rog.

438. Corneille à la butte Saint-Roch, comédie en un acte en vers, représentée au Théâtre-Français le 6 juin 1862, précédée de notes sur la vie de Corneille d'après des documents nouveaux, par Edouard Fournier. *Paris, Dentu,* 1862. Pet. in-8, pap. vergé, br., n. rog.

439. Marc de Vintimille, ou les Chevaliers de Rhodes, drame historique en cinq actes, en prose, par Ludovic de Vauzelles. *Orléans, H. Herluison,* 1866. In-8, fig., br., n. rog.

440. Dictionnaire d'amour, dans lequel on trouvera l'explication des termes les plus usités dans cette langue, par M. de *** (Dreux du Radier). *A Osnabrug,* 1741. In-12, d.-rel. mar. bl., tr. rouge.

ROMANCIERS ET CONTEURS.

441. Apologues et contes orientaux, etc., par l'auteur des Variétés morales et amusantes (l'abbé F. Blanchet). *Paris, de Bure fils aîné,* 1784. In-8, port. gravé par A. de Saint-Aubin, v. rac.

442. Alice la fille du peaussier et Gehendrin de Beauce, Chartraine (par M. Lemolt-Phalary). *Orleans, imp. de Guyot aîné, éditeur,* 1835. Pet. in-8, br., n. rog.
   Exemplaire sur papier vélin fort.

443. Feuilletons (par F. Dupuis). *Orléans, imp. d'Alex Jacob,* 1840. In-12, d.-rel. m. rouge, n. rog.
   Ce sont de spirituels articles publiés originairement dans le journal le Garde national du Loiret.

444. L'Esprit des autres, recueilli et raconté par Edouard

Fournier. 4ᵉ édit. *Paris, Dentu*, 1861. In-12, d.-mar
rouge, dor. en tête, n. rog.

445. L'Esprit dans l'histoire, recherches et curiosités sur
les mots historiques, par Edouard Fournier. *Paris, Dentu*,
1867. In-12 broch.

CRITIQUES ET SATIRIQUES.

446. La Sauce-Robert justifiée (par J. B. Thiers). *S. l.*,
1679. Pet. in-8, rel. en vél. blanc, tr. supér. dor., n.
rog.

447. Remarques sur différens articles du premier volume
du dictionnaire de Moreri, de l'édition de 1718. *S. l.*,
(*Orléans, vᵉ Borde*), 1719. Pet. in-8, bas. marb.

> On lit en tête du volume une note manuscrite ainsi con-
> çue : « Ces remarques sur Morery sont de M. Laurent
> Leclerc, directeur du séminaire d'Orléans, attaché à celui de
> Saint-Sulpice, et mort à celui de Saint-Yrenée de Lyon, le
> 6 may 1736, âgé de cinquante-neuf ans. Il étoit fils du
> fameux dessinateur et graveur Sébastien Leclerc, et avoit
> enseigné la théologie au séminaire d'Orléans. Il n'y a eu que
> 80 exemplaires imprimés de cet ouvrage, et il a été imprimé
> à Orléans chez la vᵉ Borde, au cloître Saint-Samson. » Exem-
> plaire avec des annotations manuscrites de l'auteur et
> portant sur le titre le parafe de M. Lenormand du Cou-
> dray.

448. Variétés, ou divers écrits par M. D. S. H*** (de
Saint-Hyacinthe). *Amsterdam, François l'Honoré*. In-12,
veau.

449. Le Chef-d'œuvre d'un inconnu, poëme heureusement découvert et mis au jour, avec des remarques savantes et recherchées, par le docteur Chrisostome Mata-
nasius (Hyacinthe Cordonnier, connu sous le nom de
Themiseul de Saint-Hyacinthe). On trouve de plus
une dissertation sur Homère et sur Chapelain; deux
lettres sur des antiques; la préface de Cervantes sur
l'histoire de D. Quichotte de la Manche; la déification
d'Aristarchus Masso, et plusieurs autres choses non
moins agréables qu'instructives. *Lausanne, chez Marc-Michel
Bousquet*, 1758. 2 vol. in-12, fig., m. rouge, fil., tr. dor.
(*Anc. rel.*)

ÉPISTOLAIRES, LITTÉRATEURS.

ARCHÉOLOGUES ET NUMISMATES.

450. Viri illustris Jacobi Bongarsi epistolæ ad Joachi-
num Camerarium, medicum ac philosophum celeber-
rimum scriptæ, et historicis ac politicis documentis
instructæ. *Lugd. Batav., ex officina Elzeviriorum*, 1647. Pet.
in-12, vél.

451. Lettre de Dom P. le Richoulx de Norlas (Perdoulx
de la Perrière) à un de ses confrères sur la bibliothèque
historique et critique des auteurs de la congrégation
de S. Maur, composée par dom Philippe le Cerf de la
Viéville, religieux de la même congrégation.— Seconde
lettre. *Orléans, François Rouzeau*, 1727. — Ces 2 lettres en
1 vol. plaq. in-12, d.-mar. bl.

452. Voyages de Genève et de la Touraine, suivis de quelques opuscules, par M. *** (Vandebergue). *Orleans*, v°
Rouzeau-Montaut, 1779. In-12, v. f., fil.

    Exemplaire avec le parafe de M. Lenormand du Cou-
    dray.

453. Œuvres diverses de M. l'abbé Gedoyn, de l'Académie française. *Paris, de Bure l'aîné*, 1745. In-12, v. f.,
fil. (*Padeloup.*)

454. De la Passion du jeu, depuis les temps anciens jusqu'à nos jours, par M. Dusault, ancien commissaire de
la gendarmerie, de l'Académie royale des inscriptions et
belles-lettres. *Paris, de l'imprimerie de Monsieur*, 1779.
2 parties en 1 vol., in-8, v. m. (*Aux armes du collége d'Har-
court.*)

455. Vie de Jacques, comte de Vintimille, conseiller au
parlement de Bourgogne, littérateur et savant du sei-
zième siècle, d'après les documents inédits, par Ludovic
de Vauzelles, conseiller à la cour impériale d'Orléans.
Orléans, H. Herluison, 1865. In-8, portrait et armoiries,
broch.

456. Vassal (De). 8 br. in-8, dans un carton.

    L'Orme au diable. — Le Puits de Saint-Sigismond. — Le
Pont au chien. — La Croix Blon et la Croix Faron. — Collin

et Jeanne, légendes de l'Orléanais.—Election d'un doyen du chapitre de Châtillon-sur Loing en 1508. — Guépins et Locatis. — Lettres de sauvegarde données à l'université d'Orléans par Edouard III, roi d'Angleterre.

457. Dupuis (F.). 8 br. in-8, publiées de 1852 à 1862, dans un carton.

> Des œuvres litt. et artistiq. inspirées par Jeanne d'Arc. — Du lieu où le duc de Guise fut assassiné par Poltrot. — Mémoire sur la découverte d'un théâtre romain à Triguères. — Sur quelle base doit être fondé un musée archéologique. — Notice biog. sur M. C. Leber, Pailliet et Mlle de Froberville. — Rapport sur les poésies de Mme E. Sezzi.

458. Baguenault de Viéville (Gabriel). 5 br. in-8, dans un carton.

> Orléans et ses panégyristes au XVIe siècle. — Deux poètes orléanais au XIXe siècle. — Notice nécrologique sur M. Alex. Jacob. — Notice sur François Chevillard.

459. Pelletier (L'abbé V.), chanoine de l'église d'Orléans. 7 br. publiées de 1861 à 1868.

> Essai sur les billets d'enterrement orléanais. — Sur la maîtrise de la cathédrale d'Orléans. — Recherches sur le catéchisme d'Orléans. — Le Noël de saint Benoit et l'aguillanneuf des vignerons de Châteauneuf-sur-Loire. — Notices sur les abbés Faucheux, Girault Leber et Beaumarié.

460. Nouel de Buzonnière (Léon). 2 br. in-8.

> Voyage en Ecosse. Visite à Holy-Rood, 1832. — Rapport verbal sur les hôtels de l'époque de la Renaissance et les archives de la ville de Toulouse.

461. Mémoire sur les écoliers de la nation picarde à l'université d'Orléans, et sur la médaille d'or de Florence, par M. Bimbenet. *Amiens, imp. de Duval et Herment,* 1850. In-8.

462. Boucher de Molandon. 3 br. in-8.

> Notice nécrologique sur M. de la Place de Montevray. *Orléans, J. B. Niel,* 1841. — Mme la marquise de la Rochejaquelein. — Rapport sur l'inventaire et le classement de la bibliothèque de la société archéologique de l'Orléanais, au 31 décembre 1864. — Nouvelles études sur l'inscription romaine récemment trouvée à Mesve (Nièvre); conséquences de cette découverte pour la détermination géographique de Genabum. *Paris, Imp. impériale,* 1868, planches.

463. Desnoyers (L'abbé), vicaire général d'Orléans. 9 br. in-8, publiées de 1863 à 1868, dans un carton.

> Notice biog. sur M. Dupuis. — Rapport sur le Mémoire

de M. de Pibrac relatif aux fouilles du puits des Minimes. —
Mémoire sur la tombe en pierre trouvée rue Muzaine. —
Une Visite aux archives de la mairie. — Notice sur un sceau
de l'église de Saint-Aignan d'Orléans. — Etude sur Cordier.
— Rapport sur Châteaurenard et ses châteaux. — Notice
sur une urne funéraire trouvée à Saint-Jean-de-Braye. —
Notice sur M. Clément Carrette.

464. LOISELEUR (J.), bibliothécaire d'Orléans.

Châteaux historiques de la Loire. Chaumont. — Étude
sur Gilles Berthelot, constructeur d'Azay-le-Rideau. *Tours*,
1860. — Le Masque de fer devant la critique moderne. *Paris*,
1867.

465. La Manière de discerner les médailles antiques de
celles qui sont contrefaites, par M. Beauvais d'Orléans.
Paris, Briasson, 1739. In-4, cart.

466. Essai sur l'origine de la nudité des statues héroïques
et sur l'abus qu'on en fait dans les monumens français,
par M. J. Le Brun, peintre, membre de la société royale
des sciences, belles-lettres et arts d'Orléans (lu dans la
séance publique du 29 août 1823). *Orléans, imp. de v*ᵉ
Huet-Perdoux. Br. in-8 de 19 pp.

467. Dissertation sur les monumens des anciens Romains,
par J. Le Brun, peintre, membre de la société royale
des sciences, belles-lettres et arts d'Orléans, lue dans la
séance du 19 février 1819. *Orléans, imp. v*ᵉ *Huet-Perdoux*,
1819. 32 pp. in-8.

468. Recherches sur les monnaies au type chartrain
frappées à Chartres, Blois, Vendôme, Châteaudun,
Nogent-le-Rotrou (Perche), Saint-Aignan, Celles, Romorantin, Brosse, etc., par M. E. Cartier, directeur de la
Revue mumismatique. *Paris*, 1846. Gr. in-8, avec 17 pl.,
d.-mar. rouge.

469. Coup d'œil sur les médailles de plomb, le person-
nage de fou et les rébus dans le moyen âge, par M. C.
Leber, pour servir d'introduction à l'Essai sur les monnaies inconnues des évêques des fous, par M. R. (Ri-
gollot) d'Amiens. *Paris, Merlin*, 1833. In-8, 10 pl. et la
feuille qui contient les additions, d.-rel. mar. Lavall.,
dor. en tête, n. rog.

470. Etudes historiques sur les cartes à jouer, principa-
lement sur les cartes françaises, où l'on examine quelques opinions publiées en France sur ce sujet, par

M. C. Leber. *S. l. n. d.* In-8, fig. color. et noires, d.-chag. rouge.

471. Mémoire archéologique sur la tour de Montlhéry, par Adolphe Duchalais. *Lagny, imp. Le Boyer.* Broch. in-8.

HISTORIENS.

472. Relation de la grande isle de Madagascar, contenant ce qui s'est passé entre les François et les originaires de cette isle depuis l'an 1642 jusques en l'an 1657, par de Flacourt. *Paris, F. Clousier,* 1661. In-4, fig., veau brun.

473. Abrégé chronologique de l'Histoire universelle écrite en latin par le R. P. Petau, de la Compagnie de Jésus, et traduite en françois par M. Maucroix, chanoine de l'église de Reims. *Paris, F. et P. Delaulne,* 1701. 2 vol. in-12, v. j. (*Aux armes de Choiseul.*)

474. Memoires des sages et royalles œconomies d'estat domestiques, politiques et militaires de Henry le Grand... et des servitudes utiles, obéissances convenables et administrations loyales de Maximilien de Bethune (duc de Sully). *A Amstelredam, chez Alethinosgraphe de Clearetimelea, etc., à l'enseigne des Trois Vertus couronnées d'amaranthe.* 2 part. en 1 vol., in-fol., vél.

Edition originale, imprimée en 1638 au château de Sully.

475. Histoire de Louis XIII, roi de France, par Michel Le Vassor. *Amsterdam (Paris),* 1757. 7 vol. in-4, v. m. (*Aux armes du cardinal de Berulle.*)

476. Histoire de la guerre des Hussites et du concile de Basle, par Jacques Lenfant, enrichie de portraits et de vignettes à la tête de chaque livre. (Œuvre posthume publiée par E. de Venours, veuve de l'auteur.) *Amsterdam, Pierre Humbert,* 1731. 2 t. en 1 vol., in-4, v. j.

477. Histoire du concile de Pise et de ce qui s'est passé de plus mémorable depuis ce concile jusqu'au concile de Constance, par Jacques Lenfant, enrichie de portraits. *Utrecht,* 1731. 2 vol. in-4, fig., v. j.

478. Tablettes historiques et anecdotes des rois de France depuis Pharamond jusqu'à Louis XV, contenant les traits les plus remarquables de leur histoire, leurs actions singulières, leurs maximes et leurs bons mots, par M. D. D. R. A. (Dreux du Radier). 2ᵉ édit. *Paris, vᵉ Duchesne,* 1766. 3 vol. in-12, mar. rouge, fil., tr. dor. (*Anc. rel.*)

479. Histoire du gouvernement de Venise, par Amelot de la Houssaye. *Paris,* 1685. 3 part. en 1 vol., in-8, v. m.

480. Histoire de la maison de Bourbon, par M. Desormeaux, historiographe de la maison de Bourbon, bibliothécaire de S. A. S. Mgr. le prince de Condé, etc. *Paris, de l'Imp. royale,* 1772-1788. 5 vol. in-4, avec port. et vign. de Saint-Aubin, Miger, Choffard et autres, v. f., fil., tr. dor.

> Le tome 5ᵉ est rel. en mar. vert, fil., tr. dor., et porte sur les plats les armes de Mesdames filles de Louis XV.

481. Marc-Aurèle, ou Histoire philosophique de l'empereur Marc-Antonin, ouvrage où l'on présente dans leur entier et selon un ordre nouveau les maximes de ce prince, qui ont pour titre : Pensées de Marc-Antonin de lui-même à lui-même, en les rapportant aux actes de sa vie publique et privée (par L. M. Ripault). *Paris, Allais,* 1820. 5 vol. in-8, port. et cartes, d.-veau violet, non rog.

> On a ajouté un portrait de l'auteur et une brochure extraite du Marc-Aurèle sous le titre de Tite-Antonin le Pieux.

482. Origine de la noblesse françoise, depuis l'établissement de la monarchie, contre le système des lettres imprimées à Lyon en 1763, dédiée à la noblesse de France, par M. le vicomte d'*** (d'Alès de Corbet). *Paris, G. Desprez,* 1766. In-12, v. m. (*Aux armes.*)

483. Essai sur l'histoire de la noblesse française. *A Blois, de l'imp. de J. P. J. Masson,* 1789. 31 pp. in-8.

484. Des cérémonies du sacre, ou Recherches historiques et critiques sur les mœurs, les coutumes, les institutions et le droit public des Français dans l'ancienne monarchie, par C. Leber, chef du premier bureau des communes au ministère de l'intérieur. Orné de 40 pl. *Paris, Baudouin frères,* 1825. In-8, d.-rel. mar. rouge, tr. supér. dor., n. rog.

485. Histoire critique du pouvoir municipal, de la condition des cités, des villes et des bourgs, et de l'administration comparée des communes en France, depuis l'origine de la monarchie jusqu'à nos jours, par M. C. Leber, chef du bureau du contentieux des communes au ministère de l'intérieur. *Paris, Audot,* 1828. In-8, d.-rel. mar. vert, n. rog.

486. Collection des meilleures dissertations, notices et traités particuliers relatifs à l'histoire de France, composée en grande partie de pièces rares ou qui n'ont jamais été publiées séparément, pour servir à compléter toutes les collections de mémoires sur cette matière, par C. Leber. *Paris, G. A. Dentu,* 1838. 20 vol. in-8, br., n. coup.

487. Légendes de l'Orléanais, par C. de Vassal, archiviste du Loiret. *Orléans, imp. d'Alex. Jacob,* 1846. In-8, fig. et front. en chromolith., cart.

488. Fuite de Louis XVI à Varennes, d'après des documents judiciaires et administratifs déposés au greffe de la haute cour nationale établie à Orléans, par Eugène Bimbenet, ancien greffier en chef de la cour impériale d'Orléans. 2e édit. *Orléans, imp. de G. Jacob,* 1868. Gr. in-8, nombr. fac-simile, br.

489. Les Crimes et les peines dans l'antiquité et dans les temps modernes, étude historique par M. Jules Loiseleur, bibliothécaire de la ville d'Orléans. *Paris, L. Hachette,* 1863. In-12, d.-mar. pol. Lavall.

490. Deux problèmes historiques : Mazarin a-t-il épousé Anne d'Autriche? — Gabrielle d'Estrées est-elle morte empoisonnée? par Jules Loiseleur, bibliothécaire de la ville d'Orléans. *Paris, L. Hachette. Orléans, imp. de G. Jacob,* 1867. In-12, broch.

491. L'empereur Napoléon III et l'impératrice Eugénie au concours régional d'Orléans le 10 mai 1868, par H. Villa. *Orléans, H. Herluison,* 1868. In-8, broch.

APPENDICE : CARTOGRAPHIE ET ICONOGRAPHIE.

492. Plan et figure du terrage de Pontigeon, appartenant à l'abbaye de Marmoutier, dressés en 1651 par Pierre

Vollant, arpenteur de Blois, commis par Guillaume Lasnier, s^r de Baubigné, en exécution de l'arrêt du grand conseil du 23 septembre 1649. Gr. plan sur parch., mesur. 1^m.35 de large sur 84 c. de haut.

493. Plan et figure de 13 démonstrations du terrage de Villeberfol, appartenant à l'abbaye de Marmoutier, levés par le même arpenteur en 1652, en exécution de l'arrêt précédemment cité. Plan sur parch., larg. 1 mètre, haut. 85 c.

494. Plan et arpentage d'une pièce de bois située dans la forêt d'Orléans au triage, appelé la Petite-Forêt, où S. A. S. Mgr. le duc d'Orléans a les deux tiers et l'abbaye de Saint-Benoit-sur-Loire l'autre, mise en coupes reglées en exécution du résultat du 19 mars 1728. Copié le 12 juin 1735, par J. B. P. Mahy, sur l'original de Vauclin, arpenteur de la maîtrise des eaux-et-forêts d'Orléans. 1 feuille colomb. sur pap.

495. Département du Loiret, décrété le 3 février 1790 par l'Assemblée nationale et divisé en 7 districts et en 59 cantons. Feuille format raisin collée sur toile et pliée, dans un carton.

496. Plan et vue d'Orléans, gravés sur cuivre au XVIIe siècle. 2 ff. in-fol.

497. Vues d'Orléans, dessinées en 1807 par J. Salmon et gravées à l'eau-forte en 1815 par Piringer. 2 ff. grand colomb.

498. Orléans en miniature, 9 sujets dessinés et lithographiés par Tirpenne, comprenant : la Vue générale d'Orléans; la Cathédrale ; l'Hôtel-de-Ville ; la place du Martoi ; la Source du Loiret; façades de la Cathédrale et du Lycée; Jeanne d'Arc, par Gois; Jeanne d'Arc, statue équestre par Foyatier. Feuille colomb. impr. à 3 teintes. (*Herluison, éditeur.*)

499. Portraits d'Orléanais célèbres, 50 pièces grav. et lithog. In-fol., in-4, in-8 et in-12.

500. Jeanne d'Arc, 50 port. variés de l'héroïne. Grav. ou lithog. remontées sur papier format in-4, dans un carton.

Paris, imprimerie Jouaust, rue Saint-Honoré, 338.

TABLE

DES

AUTEURS ORLÉANAIS.

Paris. Imprimerie Jouaust, rue Saint-Honoré, 338.

AMELIA
...BROMISIN

CATALOGUE

CATALOGUE

DES

LIVRES ANCIENS ET MODERNES

PROVENANT

DE L'EXPOSITION FAITE A ORLÉANS

EN MAI & JUIN 1868

PAR LA SOCIÉTÉ DES AMIS DES ARTS

EN VENTE AUX PRIX MARQUÉS

A LA LIBRAIRIE DE H. HERLUISON

Rue Jeanne-d'Arc, n° 17, à Orléans.

❦

ORLÉANS,

H. HERLUISON, LIBRAIRE,

17, Rue Jeanne-d'Arc, 17.

—

JUILLET 1868.

TABLE DES PRIX

DES LIVRES

PROVENANT

DE L'EXPOSITION DES AMIS DES ARTS D'ORLÉANS

(PARTIE RÉTROSPECTIVE).

———o◦o◦◦◦o◦o———

Numéros.	fr.	c.	Numéros.	fr.	c.	Numéros.	fr.	c.
1	4	»	31	3	»	67	8	50
2	40	»	31 bis	7	»	68	1	»
3	8	»	32	8	»	69	2	»
4	3	»	33	45	»	70	2	»
5	6	»	34 à 42 l'un 2		»	71	4	»
6	6	»	43	3	50	72	2	50
7	1	»	44	3	»	73	3	»
8	3	»	45	2	»	74	2	50
9	1	»	46	3	»	75	3	»
10	1	»	47	4	»	77	80	»
11	20	»	48	12	»	78	5	»
12	40	»	49	1	»	78 bis	3	»
13	3	»	50	8	»	79	6	»
15	3	»	51	2	»	80	70	»
16	4	»	52	1	25	81	8	»
17	20	»	53	2	50	82	10	»
18	1	50	54	1	50	83	25	»
19	3	50	55	5	»	84	3	»
20	1	»	56	1	»	85	4	»
21	1	»	57	90	»	86	3	»
22	1	»	58	2	»	87	3	»
23	2	»	59	2	»	88	8	»
24	25	»	60	60	»	89	16	»
25	30	»	61	5	»	90 à 93 l'un 4		»
26	15	»	62	1	»	94	30	»
27	6	»	63	2	»	95	3	50
28	3	»	64	1	»	96	6	»
29	6	»	65	3	»	98	3	»
30	9	»	66	3	»	99	5	»

Numéros.	fr.	c.	Numéros.	fr.	c.	Numéros.	fr.	c.
100	2	»	167	3	»	218	2	»
101 à 114 l'un	2	»	168	3	»	219	1	»
115	5	»	169	1	»	220	5	»
116	20	»	170	1	50	221	2	»
117	20	»	171	3	»	222	10	»
118	6	»	172	15	»	223	12	»
119	12	»	173	8	»	224	15	»
120	8	»	174	10	»	225	30	»
121 à 129 l'un	2	»	175	40	»	226	12	»
130	40	»	176	6	»	227	40	»
131	16	»	177	2	»	228	8	»
132	70	»	178	2	»	229	12	»
133	40	»	179	12	»	230	2	»
134	4	»	180	5	»	231	4	»
135	7	»	181	2	»	232	8	»
136	2	»	182	2	»	234	2	»
137	2	»	183	2	»	235	5	».
138	6	»	184	16	»	236	12	»
139	2	»	185	20	»	237	60	»
140	1	50	186	10	»	238	4	»
141	1	50	187	12	»	239	1	»
142	2	50	188	10	»	240	2	»
143	6	»	189	8	»	244	8	»
144	4	»	190	3	»	245	3	»
145	20	»	191	3	»	246	3	»
146	15	»	194	8	»	247	4	»
147	3	»	195	1	»	248	3	»
148	2	»	196	12	»	249	3	»
149	2	»	197	6	»	250	5	»
150	200	»	198	3	»	251	6	»
151	2	»	199	4	»	252	6	»
152	2	»	200	1	»	253	2	»
153	6	»	201	2	»	254	4	»
154	9	»	202	3	»	255	2	»
155	2	»	203	2	»	256	3	»
156	8	»	204	3	»	257	8	»
157	10	»	205 à 208 l'un	2	»	258	2	»
158	15	»	209	8	»	259	2	»
159	6	»	210	6	»	260	2	»
160	18	»	211	16	»	261	4	»
161	3	»	212	12	»	262	5	»
162	35	»	213	30	»	264	3	»
163	5	»	214	6	»	265	8	»
164	5	»	215	12	»	266	6	»
165	9	»	216	7	»	267	35	»
166	3	»	217	6	»	268	4	»

Numéros.	fr.	c.	Numéros.	fr.	c.	Numéros.	fr.	c.
269	4	»	319	12	»	387	3	»
270	4	»	320	4	»	388	3	»
271	18	»	321	6	»	389	2	»
272	4	»	322	3	»	390	12	»
273	8	»	323	8	»	391	1	»
274	4	»	324	8	»	392	12	»
275	25	»	325	12	»	393	10	»
276	2	»	326	8	»	394	8	»
277	2	»	327	5	»	395	4	»
278	9	»	328	3	»	396	9	»
279	3	»	329	3	»	397	3	»
280	2	»	330	2	»	398	6	»
281	16	»	331	12	»	399	8	»
282	2	»	332	3	»	400	3	»
283	5	»	333	10	»	401	7	»
284	3	»	334	12	»	402	8	»
284 bis	4	»	335 à 338 l'un 2		»	403	2	»
285	6	»	339	5	»	405	2	»
286	3	»	340 à 343 l'un 2		»	406	2	»
287	5	»	344	45	»	408	12	»
288	16	»	345	35	»	409	40	»
289	2	»	346	30	»	410	4	»
291	3	»	347	2	»	411	6	»
292	18	»	348	4	»	412	40	»
295	2	»	349	7	»	413	20	»
296	20	»	350	3	»	414	20	»
297	5	»	351	10	»	415	4	»
298	3	»	352	30	»	416	150	»
299	8	»	353	6	»	417	6	»
300	10	»	354	6	»	418	30	»
301	4	»	355	5	»	419	3	»
302	3	»	356	3	»	420	36	»
303	2	»	357	4	»	421	3	»
304	4	»	358	9	»	422	8	»
305	2	»	359	4	»	423	7	»
306	2	»	360	3	»	424	16	»
307	30	»	361	2	»	425	8	»
308	80	»	362	2	»	426	4	»
309	12	»	363	4	»	427	2	»
310	3	»	364	15	»	428	3	»
311	3	»	365 à 380 l'un 1		»	429	2	»
312	60	»	381	1	50	430	2	»
314	5	»	383	12	»	432	12	»
316	5	»	384	7	»	433	15	»
317	12	»	385	3	»	434	3	»
318	12	»	386	15	»	435	7	»

Numéros.	fr.	c.	Numéros.	fr.	c.	Numéros.	fr.	c.
437	4	»	457	5	»	483	2	»
438	4	»	461	3	»	484	8	»
439	3	»	464	6	»	485	7	»
440	4	»	465	4	»	486	50	»
441	3	»	466	2	»	487	3	»
442	3	»	467	2	»	488	7	»
443	6	»	468	12	»	489	4	»
444	6	»	469	9	»	490	3	»
445	3	»	470	8	»	491	2	»
446	4	»	471	1	»	492	5	»
447	6	»	473	3	»	493	5	»
448	2	»	474	6	»	494	4	»
449	16	»	475	12	»	495	2	»
450	5	»	476	5	»	496	6	»
451	8	»	477	5	»	497	6	»
452	3	»	478	12	»	498	5	»
453	8	»	479	2	»	499	15	»
454	3	»	480	85	»	500	25	»
455	3	»	481	10	»			
456	4	»	482	4	»			

Orléans, imp. de G. Jacob.